EMPODERANDO A LAS MUJERES QUE VIAJAN SOLAS POR EUROPA: LA GUÍA DEFINITIVA

First edition. December 22, 2024.

ISBN: 979-8230619499

Written by Derek McNeill.

Empoderando a las mujeres que viajan solas en Europa:

La guía definitiva...

Capítulo 1: Elegir destinos teniendo en cuenta a las mujeres que viajan solas

Viajar sola como mujer es una experiencia que te empodera y te cambia la vida, y Europa ofrece algunos de los destinos más cautivadores del mundo. Pero con tantas opciones, ¿a dónde deberías ir? Este capítulo te ayudará a elegir lugares que sean aptos para viajar sola e inolvidables, centrándote en la seguridad, la facilidad de navegación, las culturas acogedoras y las experiencias únicas que satisfacen a las aventureras en solitario.

1.1 Ciudades seguras y amigables con las mujeres

LA SEGURIDAD SUELE ser una de las principales preocupaciones de quienes viajan solos y, afortunadamente, Europa cuenta con muchas ciudades conocidas por su seguridad y amabilidad con las mujeres que viajan. Estos destinos ofrecen un transporte público eficiente, zonas transitables y un riesgo general bajo de delitos violentos. Exploremos algunas de las mejores opciones para mujeres que viajan solas, ya que ofrecen comodidad, accesibilidad y un ambiente cálido.

Ámsterdam, Países Bajos

ÁMSTERDAM ES UN DESTINO increíblemente amigable para quienes viajan solos y tiene fama de ser seguro e inclusivo. Los famosos canales, museos y galerías de arte de la ciudad son fáciles de explorar a pie o en bicicleta. El inglés se habla ampliamente y los lugareños suelen ser muy amables y serviciales, lo que hace que sea fácil obtener indicaciones o consejos. Ámsterdam, una ciudad conocida por su cultura liberal y de mente abierta, también ofrece un entorno cómodo para mujeres solas, con innumerables cafés y lugares acogedores donde las personas que cenan solas no se sentirán fuera de lugar.

Lo más destacado que no te puedes perder:

- **Museo Van Gogh**:Explora una impresionante colección de arte en uno de los museos mejor conservados del mundo.
- **Paseo en barco por el canal**:Vea la ciudad desde una perspectiva única y disfrute de un tranquilo paseo en barco por los famosos canales.
- **Barrio de Jordaan**:Lleno de encantadoras boutiques y pintorescos cafés, Jordaan ofrece una visión de la vibrante vida local de Ámsterdam.

Viena, Austria

PARA QUIENES APRECIAN la historia, la música y la arquitectura impresionante, Viena es una visita obligada. Esta capital austriaca es conocida por sus calles seguras y limpias y por sus habitantes amables y serviciales. El sistema de transporte público de Viena es eficiente y asequible, lo que permite recorrer la ciudad fácilmente. Los viajeros solos pueden relajarse en las famosas cafeterías de la ciudad, explorar los palacios imperiales y asistir a conciertos de música clásica.

Lo más destacado que no te puedes perder:

- **Palacio de Schönbrunn**:Pasea por la antigua residencia imperial de verano, rodeada de hermosos jardines.
- **Cafeterías históricas**:Pida un café en el Café Central o en el Café Sperl y disfrute de una tarde observando a la gente o

leyendo.

- **Catedral de San Esteban:**Contemple la arquitectura gótica de Viena en esta icónica catedral, un hito en el corazón de la ciudad.

Copenhague, Dinamarca

COPENHAGUE, CONOCIDA por sus valores progresistas y su enfoque medioambiental, es otra excelente opción para las mujeres que viajan solas. La ciudad es excepcionalmente segura y cuenta con un eficiente sistema de bicicletas compartidas, lo que facilita su exploración como una local. La cultura relajada pero vibrante de Copenhague, combinada con su énfasis en el hygge (un estilo de vida acogedor y cálido), la convierte en un destino ideal para las viajeras que buscan tanto relajación como emoción.

Lo más destacado que no te puedes perder:

- **Nueva Havn:**Pasee por la colorida zona del puerto, llena de barcos históricos y cafés encantadores.
- **Jardines de Tivoli:**Disfruta de una experiencia mágica en este parque de atracciones vintage, especialmente hermoso por las noches.
- **Castillo de Rosenborg:**Explora los hermosos jardines y la impresionante colección de artefactos reales.

1.2 Joyas ocultas para aventureros en solitario

SI BIEN CIUDADES POPULARES como París y Roma son indudablemente maravillosas, algunos de los destinos menos conocidos de Europa ofrecen experiencias igualmente enriquecedoras con menos multitudes. Estas joyas ocultas son particularmente geniales para los viajeros solitarios que buscan aventuras fuera de lo común.

Liubliana, Eslovenia

LIUBLIANA, LA ENCANTADORA capital de Eslovenia, es una ciudad increíblemente transitable y segura. Con su arquitectura de cuento de hadas, su vibrante ribera y su ambiente acogedor, Liubliana parece una pequeña ciudad con las ventajas de una capital. Los lugareños son conocidos por su hospitalidad y se habla inglés, lo que facilita la navegación y la comunicación.

Lo más destacado que no te puedes perder:

- **Castillo de Liubliana:**Camine o tome un funicular hasta este castillo medieval para disfrutar de vistas panorámicas de la ciudad.
- **Tromostovje (Puente Triple):**Esta maravilla arquitectónica, diseñada por Jože Plečnik, es una de las principales atracciones de la ciudad.
- **Mercado central:**Pruebe la comida local, incluidos productos frescos y delicias tradicionales eslovenas.

Oporto, Portugal

OPORTO, LA SEGUNDA ciudad más grande de Portugal, es una encantadora mezcla de cultura, arte y paisajes impresionantes. Conocida por sus amables habitantes y sus barrios seguros, Oporto es una ciudad acogedora para las mujeres que viajan solas. El sistema de transporte público de la ciudad es sencillo y el centro es compacto, lo que permite explorarlo tranquilamente a pie.

Lo más destacado que no te puedes perder:

- **Distrito de Ribeira:**Camine a lo largo del pintoresco río Duero y explore este sitio declarado Patrimonio de la Humanidad por la UNESCO.
- **Librería Lello**A menudo considerada una de las librerías más hermosas del mundo, es una visita obligada para los amantes de los libros.
- **Bodegas de vino:**Haga un recorrido por las bodegas de vino de Oporto y aprenda sobre el famoso producto de exportación de la ciudad.

1.3 Culturas locales y qué esperar

CADA PAÍS EUROPEO OFRECE una experiencia cultural única, desde el idioma y la comida hasta las costumbres locales y las normas sociales. Comprender estos matices puede hacer que sus viajes sean más placenteros y gratificantes.

Lenguaje y comunicación

AUNQUE MUCHOS EUROPEOS hablan inglés, aprender algunas frases clave en el idioma local siempre es de agradecer. En ciudades como Copenhague, Ámsterdam y Viena, el inglés se entiende ampliamente. En ciudades más pequeñas o regiones menos turísticas, algunas frases locales, como "por favor", "gracias" y "hola", serán de gran ayuda para demostrar respeto por la cultura.

A continuación se muestra una guía rápida de frases esenciales:

- **Hola/Adiós**: Bonjour/Adieu (francés), Hola/Adiós (español), Hallo/Tschüss (alemán)
- **Gracias**: Merci (francés), Gracias (español), Danke (alemán)
- **¿Hablas inglés?**: ¿Parlez-vous anglais? (Francés), ¿Hablas inglés? (Español), Sprechen Sie Englisch? (Alemán)

Normas culturales y etiqueta

CADA PAÍS TIENE SU propia forma de abordar el espacio personal, el contacto visual e incluso los modales en la mesa. Por ejemplo:

- **En el sur de Europa (España, Italia)**La gente es cálida y puede saludarse con un beso en cada mejilla, especialmente entre amigos.
- **En el norte de Europa (Alemania, Escandinavia)**, se respeta más el espacio personal y los apretones de manos son

habituales.

- **Etiqueta en la mesa**En Francia e Italia, la gente suele vestirse un poco más elegante para la cena y las comidas son una experiencia más tranquila y social. En cambio, en ciudades alemanas como Berlín, la actitud es más informal.

Comprender estos matices te ayudará a sentirte más a gusto y a respetar las tradiciones locales. Muchos viajeros solitarios descubren que estas interacciones culturales se convierten en algunos de sus recuerdos más preciados.

1.4 Elaboración de un itinerario de viaje personalizado

CREAR UN ITINERARIO de viaje flexible pero estructurado te permitirá aprovechar al máximo tu viaje en solitario. Aquí tienes un método sencillo para planificar un itinerario que incluya suficiente aventura sin agobiarte.

Paso 1: Defina sus objetivos de viaje

¿BUSCAS RELAJACIÓN, aventura o inmersión cultural? Tus objetivos determinarán tus elecciones. Por ejemplo:

- **Relajación:**Opte por destinos centrados en el bienestar, como los baños termales de Budapest o las playas del Algarve en Portugal.
- **Aventura:**Considere hacer senderismo en los Alpes suizos, andar en bicicleta por la campiña holandesa o hacer parapente en Interlaken, Suiza.
- **Inmersión cultural:**Viaja a Roma para sumergirte profundamente en la historia o a Lisboa para experimentar la animada escena musical del fado.

Paso 2: Elige tu ritmo

VIAJAR SOLO TE PERMITE marcar el ritmo sin tener que adaptarte a los horarios de los demás. No tengas miedo de combinar días ajetreados con otros más tranquilos:

- **Días ocupados:**Planifique estas actividades en ciudades donde haya mucho para explorar, como visitar lugares de interés, museos y mercados.
- **Días de descanso:**Reserve un momento para relajarse en un café o explorar un parque. Estos días más tranquilos le permiten recargar energías y reflexionar.

Paso 3: Combina lugares de interés con experiencias locales

LAS ATRACCIONES TURÍSTICAS son una parte importante de los viajes, pero las experiencias locales añaden profundidad. Busque mercados de barrio, cafés independientes y festivales locales. Por ejemplo, en Barcelona, visitar el Mercado de la Boquería ofrece una muestra de la vida local más allá de los lugares de interés habituales como La Sagrada Familia.

Con la combinación adecuada de planificación y flexibilidad, cada uno de estos destinos le ofrecerá una experiencia segura, emocionante e inolvidable. Europa tiene algo especial para cada viajero solitario, desde las bulliciosas calles de Ámsterdam hasta el tranquilo encanto de Liubliana, así que aproveche cada momento y saboree la libertad de explorar el mundo a su manera.

Este contenido ampliado debería ocupar cómodamente seis páginas y ofrecer a los lectores orientación práctica, conocimientos sobre la cultura local e ideas para su itinerario de viaje en solitario. ¡Avísame si deseas el mismo nivel de detalle para los siguientes capítulos o algún ajuste específico!

Por supuesto, aquí tenemos el Capítulo 2 ampliado para cubrir aproximadamente seis páginas de contenido, centrado en consejos prácticos de planificación para viajes en solitario por Europa para mujeres. Este capítulo guiará a los lectores a través de los preparativos esenciales, incluidos el embalaje, el transporte y el alojamiento, ofreciendo consejos claros y prácticos.

Capítulo 2: Consejos esenciales de planificación para viajes en solitario de mujeres

Viajar sola requiere una planificación cuidadosa para que el viaje sea tranquilo, seguro y sin estrés. Desde cómo preparar el equipaje de manera estratégica hasta encontrar alojamiento cómodo y cómo encontrar transporte, este capítulo cubre todos los aspectos esenciales que toda mujer que viaja sola debe saber antes de embarcarse en una aventura por Europa.

2.1 Elementos esenciales para empacar para una mujer que viaja sola

PREPARAR EL EQUIPAJE para viajar solo significa encontrar el equilibrio entre tener todo lo que necesitas y que las cosas sean manejables. Sin nadie con quien compartir la carga, es esencial preparar el equipaje de manera liviana pero inteligente para asegurarte de estar completamente preparado para cualquier cosa que pueda surgir. A continuación, se ofrecen algunos consejos para crear una lista de equipaje simplificada:

Prendas de vestir esenciales

CONSIDERE LA POSIBILIDAD de crear un guardarropa básico con prendas versátiles que se puedan mezclar y combinar. Elija ropa cómoda y adecuada para el clima, idealmente en colores neutros que se puedan combinar bien con otras prendas. A continuación, se incluye una lista básica para comenzar:

- **Partes superiores:**De tres a cuatro blusas que se pueden usar tanto formal como informalmente.

- **Partes inferiores:**Dos pares de pantalones (jeans y un par de leggings) y una falda o vestido.
- **Ropa de calle:**Una chaqueta ligera e impermeable o un abrigo cálido según la temporada.
- **Calzado:**Zapatos cómodos para caminar y un par de zapatos planos más elegantes para salir.
- **Accesorios:**Una bufanda (ideal para agregar estilo y calidez), un sombrero y algunas joyas versátiles.

Artículos de tocador y de salud

LLEVE VERSIONES EN tamaño de viaje de sus artículos de tocador esenciales, ya que la mayoría se pueden reponer localmente si es necesario. A continuación, se incluye una lista de verificación de artículos esenciales:

- Cepillo de dientes, pasta de dientes y champú y acondicionador de viaje.
- Un pequeño kit de maquillaje y crema hidratante facial con FPS.
- Productos de higiene femenina si es necesario (no están tan fácilmente disponibles en algunas partes de Europa).
- Medicamentos: empaque todos los medicamentos recetados, junto con un botiquín básico de primeros auxilios que incluya analgésicos, curitas y toallitas antisépticas.

Gadgets tecnológicos y de viaje

- **Cargador portátil:**Un elemento imprescindible para mantenerse conectado, especialmente en los días de viaje.
- **Adaptador universal**Los enchufes europeos varían según la región, por lo que se recomienda encarecidamente un

adaptador universal con puertos USB.

- **Regleta pequeña:**Ideal para cargar varios dispositivos a la vez, especialmente útil en albergues u hoteles antiguos donde los enchufes pueden ser limitados.
- **Lector electrónico o libro:**Ligero y perfecto para el entretenimiento durante el tránsito o para cenar solo.

EMPACAR DE MANERA EFICIENTE no solo aligera su carga, sino que también garantiza que esté preparado para una variedad de actividades y climas sin sobrecargarse.

2.2 Consejos de transporte para viajeros solitarios en Europa

RECORRER EL SISTEMA de transporte de Europa puede resultar abrumador, pero con un poco de investigación, descubrirá que es una de las mejores formas de explorar el continente. A continuación, se indican los principales medios de transporte y algunos consejos para que funcionen para usted.

Trenes

EL SISTEMA FERROVIARIO europeo es extenso, fiable y, a menudo, panorámico, lo que lo convierte en una opción fantástica para quienes viajan solos. La mayoría de las ciudades importantes están conectadas mediante trenes de alta velocidad y hay trenes regionales disponibles para las ciudades más pequeñas. A continuación, le indicamos cómo aprovechar al máximo los viajes en tren:

- **Pase Eurail**:Si planea visitar varios países, considere un Eurail Pass, que permite viajes flexibles a través de varias redes ferroviarias europeas.
- **Reserva de entradas**:Es posible reservar con antelación a través de aplicaciones como Trainline o directamente en los sitios web de los ferrocarriles del país (por ejemplo, SNCF para Francia, Deutsche Bahn para Alemania).
- **Consejos de seguridad**:Vigila tus pertenencias y evita dejar bolsos desatendidos, especialmente en rutas concurridas.

Aerolíneas de bajo costo

PARA VIAJES DE LARGA distancia dentro de Europa, las aerolíneas de bajo coste como Ryanair y EasyJet ofrecen alternativas económicas a los trenes. Sin embargo, tenga en cuenta que las aerolíneas de bajo coste suelen volar desde aeropuertos secundarios, lo que puede requerir transporte adicional.

- **Reservas y tarifas**: Reserve directamente desde el sitio web de la aerolínea y preste atención a los cargos por equipaje, ya que pueden acumularse rápidamente. Viaje con una mochila pequeña o equipaje de mano para evitar cargos adicionales.
- **Consejos para la llegada**:Planifique con anticipación el transporte desde el aeropuerto hasta su alojamiento, ya que algunas aerolíneas de bajo coste aterrizan en aeropuertos más alejados de los centros de las ciudades.

Transporte público en las ciudades

UNA VEZ QUE LLEGUES a tu ciudad de destino, el transporte público será tu mejor aliado. La mayoría de las ciudades europeas cuentan con sistemas de transporte público seguros, eficientes y asequibles.

- **Tarjetas de transporte local:** Muchas ciudades ofrecen pases diarios o tarjetas de varios días que brindan acceso ilimitado a los servicios de autobuses, tranvías y metro. Algunos ejemplos son el Paris Navigo Pass y la London Oyster Card.
- **Uso de aplicaciones:** Citymapper y Google Maps son útiles para obtener información de tránsito en tiempo real, direcciones y tiempos de llegada estimados.
- **Consejos para viajar de noche:** Para quienes viajan solos, es mejor evitar las estaciones vacías a altas horas de la noche. Opte por taxis autorizados o servicios de transporte compartido como Uber o Bolt si regresa a su alojamiento después del anochecer.

2.3 Recomendaciones de alojamiento

ENCONTRAR UN ALOJAMIENTO seguro, cómodo y económico es fundamental para tener una experiencia positiva de viaje en solitario. Las opciones varían desde albergues sociales hasta alquileres privados y hoteles boutique. A continuación, se ofrecen algunos consejos para elegir el alojamiento adecuado para su viaje en solitario.

Albergues y dormitorios exclusivos para mujeres

LOS ALBERGUES Y DORMITORIOS exclusivos para mujeres ofrecen un entorno cómodo y seguro para conocer a otros viajeros y, al mismo tiempo, mantener una sensación de privacidad y seguridad. Muchos de estos albergues tienen una ubicación céntrica, lo que facilita la exploración de los sitios más populares.

- **Beneficios:** Los dormitorios exclusivos para mujeres brindan seguridad adicional y un entorno de apoyo para las mujeres que viajan solas.
- **Cadenas populares:** Cadenas de albergues como YHA, Meininger y Generator ofrecen habitaciones compartidas solo para mujeres en las principales ciudades europeas. Busque albergues con calificaciones altas y comentarios positivos sobre la limpieza y la ubicación.
- **Oportunidades sociales:** La mayoría de los albergues organizan actividades grupales, que son ideales para conocer a otros viajeros solitarios y hacer nuevos amigos.

Hoteles boutique y Bed & Breakfasts

PARA LOS VIAJEROS QUE viajan solos y prefieren una habitación privada y un servicio más personalizado, los hoteles boutique y los B&B son opciones ideales. Estos alojamientos suelen ofrecer un carácter más local y son perfectos para los viajeros que viajan solos y buscan comodidad y estilo.

- **Beneficios:** Los hoteles boutique tienden a ser más pequeños, con personal atento que puede ofrecer recomendaciones personalizadas y consejos de seguridad.
- **Consejos para reservar:** Busca lugares con altas calificaciones en plataformas como Booking.com o Airbnb y lee reseñas específicamente de mujeres que viajan solas.

Airbnb y alquileres vacacionales

SI BUSCAS UNA EXPERIENCIA hogareña, Airbnb ofrece una variedad de habitaciones privadas, apartamentos e incluso estadías únicas como cabañas y casas flotantes.

- **Consejos de seguridad**: Elija "Superhosts" con reseñas positivas constantes. Verifique siempre los detalles de la ubicación y verifique si el anfitrión responde a los mensajes.
- **Experiencia local**:Alojarse en un vecindario local en lugar de en una zona repleta de turistas permite vivir una experiencia más inmersiva y a menudo conduce a descubrir joyas ocultas.

2.4 Seguro de viaje y preparación sanitaria

EL SEGURO DE VIAJE es fundamental, especialmente para quienes viajan solos. Los incidentes inesperados, como cancelaciones de vuelos o emergencias médicas, pueden ser perjudiciales y costosos, por lo que es esencial tener un plan en marcha.

Cómo elegir el plan de seguro adecuado

UNA BUENA PÓLIZA DE seguro de viaje debe cubrir emergencias de salud, pérdida o robo de objetos y cancelaciones de viajes. Estas son algunas de las características que debe buscar:

- **Cobertura de salud**:Asegúrese de que su póliza incluya atención médica de emergencia y repatriación.
- **Objetos perdidos o robados**:Muchos planes cubren el robo o pérdida de artículos como su teléfono, computadora portátil y equipaje.
- **Cancelación de viaje**:Busque políticas que permitan reembolsos debido a eventos imprevistos como enfermedades o condiciones climáticas adversas.

Mantenerse saludable mientras se viaja

MANTENERSE SANO MIENTRAS se viaja es fundamental, especialmente cuando se viaja solo. A continuación, se ofrecen algunos consejos clave:

- **Investigación sobre el acceso a la atención sanitaria**:Infórmate sobre dónde se encuentran los hospitales o clínicas más cercanas en cada destino. Muchas ciudades ofrecen servicios médicos en inglés para turistas.
- **Medicamentos y vacunas**: Lleve todos los medicamentos necesarios junto con copias de sus recetas. Investigue las vacunas requeridas y consulte a su médico para obtener consejos de salud específicos para viajes.
- **Mantenerse hidratado**:Lleva una botella de agua rellenable, ya que muchas ciudades europeas ofrecen agua potable limpia y segura. Mantenerse hidratado es especialmente importante cuando estás de viaje todo el día.

2.5 Aspectos esenciales de seguridad y protección para viajeros en solitario

GARANTIZAR SU SEGURIDAD personal en la carretera es fundamental. Desde el uso de aplicaciones fiables hasta estar al tanto de lo que ocurre a su alrededor, estos consejos le ayudarán a mantenerse seguro durante todo su viaje.

Utilice aplicaciones de seguridad para viajes

ALGUNAS APLICACIONES pueden brindar tranquilidad cuando viajas solo:

- **bSeguro**:Esta aplicación te permite compartir tu ubicación con amigos o familiares e incluye un botón SOS que alerta a tus contactos elegidos.

- **GeoSure**:Proporciona clasificaciones de seguridad para vecindarios y áreas turísticas populares en tiempo real, lo que facilita la evaluación de la seguridad de áreas desconocidas.

Manténgase consciente de sus pertenencias

LOS CARTERISTAS PUEDEN ser habituales en zonas concurridas como estaciones de tren y lugares turísticos, por lo que es fundamental permanecer alerta:

- **Cinturón de dinero o bolsa antirrobo**:Utilice un cinturón de dinero o una bolsa antirrobo para proteger objetos de valor como su pasaporte y tarjetas de crédito.
- **Bloqueo RFID**:Muchas billeteras de viaje vienen con bloqueo RFID para evitar escaneos no autorizados de su pasaporte o tarjetas.
- **Cerraduras para mochilas**:Si usa una mochila, especialmente en áreas concurridas, coloque un pequeño candado en las cremalleras para disuadir a los carteristas.

Confiando en tus instintos

TUS INSTINTOS SON UNA herramienta poderosa cuando viajas solo. Si una situación te resulta incómoda o insegura, no dudes en alejarte de ella, ya sea buscando un lugar bien iluminado, entrando a un café o incluso rechazando cortésmente una invitación.

Planificar bien garantiza que su viaje en solitario sea seguro, tranquilo y placentero. Desde las opciones de equipaje adecuadas hasta el alojamiento seguro y las estrategias de seguridad personal, estos preparativos le brindarán la confianza que necesita para explorar Europa en solitario. Recuerde que viajar en solitario es sinónimo de libertad y descubrimiento, así que ¡acepte la aventura, prepárese y viva una experiencia inolvidable!

Capítulo 3: Explorando la soledad con confianza y abrazando la espontaneidad

Viajar solo por Europa abre un mundo de posibilidades de aventura, crecimiento y descubrimiento. Sin la influencia de compañeros, los viajeros solitarios tienen una oportunidad única de abrazar la espontaneidad, permitiendo que cada día se desarrolle de manera natural. Este capítulo te guiará para maximizar tu tiempo en la carretera, descubrir joyas ocultas, conocer gente local y sumergirte en nuevas culturas mientras equilibras la libertad de viajar solo con una planificación práctica.

3.1 Desarrollar la confianza en la exploración en solitario

INICIAR UN VIAJE CON confianza es fundamental para aprovechar al máximo el viaje en solitario. Muchos viajeros primerizos experimentan cierto nivel de nerviosismo, pero con el tiempo, explorar en solitario puede convertirse en algo natural. A continuación, se ofrecen algunos consejos para ganar confianza:

Comience con algo pequeño, explorando el área local

SI VIAJAR SOLO ES ALGO nuevo para ti, empieza por practicar en casa. Prueba a pasar un día explorando tu ciudad, visitando un museo o comiendo solo en un restaurante nuevo. Esta práctica te ayudará a sentirte cómodo con la idea de explorar de forma independiente y a ganar confianza para tomar decisiones por tu cuenta.

Asume el papel del viajero curioso

CUANDO VIAJES SOLO, aprovecha la curiosidad y permítete hacer preguntas, tomar fotografías y observar de cerca tu entorno. Caminar por un mercado animado, explorar un barrio histórico o visitar una cafetería local son oportunidades para sumergirte y aprender más sobre la cultura.

Encuentra la belleza en los pequeños momentos

VIAJAR SOLO TE PERMITE vivir verdaderamente el momento sin distracciones. Tómate el tiempo para saborear tus comidas, quedarte en lugares pintorescos o hacer una pausa para disfrutar de la actuación de un músico callejero. Estas experiencias a menudo se convierten en recuerdos preciados que definen tu aventura en solitario.

3.2 Equilibrar los itinerarios planificados con las aventuras espontáneas

UNA DE LAS VENTAJAS de viajar solo es la posibilidad de cambiar de planes cuando uno lo desea, lo que permite una combinación de estructura y espontaneidad. A continuación, le indicamos cómo lograr un equilibrio eficaz entre ambas cosas:

Creando un itinerario flexible

AUNQUE ES TENTADOR planificar cada detalle, dejar algo de espacio en tu agenda para descubrimientos no planificados puede hacer que tu viaje sea más emocionante. Aquí tienes un enfoque flexible:

- **Tenga una actividad clave por día:** Elige una atracción principal o experiencia que te guste cada día, como visitar el Coliseo de Roma o el Museo Van Gogh en Ámsterdam.
- **Dejar "Tiempo Abierto":** Dedica unas horas cada día a explorar barrios cercanos, parques o lugares ocultos que encuentres.
- **Abraza los días de pasión por los viajes:** Reserva al menos un día durante tu viaje sin actividades planificadas. Este día puedes dedicarlo a explorar cualquier cosa que te llame la atención de forma espontánea.

Confiando en tus instintos para explorar

LOS VIAJEROS SOLITARIOS suelen vivir experiencias increíbles si se dejan llevar por el momento. Cuando camines por una ciudad nueva, déjate llevar por tus instintos, ya sea que se trate de entrar en una acogedora librería, una galería de arte escondida o un mercado callejero atractivo. Confiar en tus instintos también se aplica a la hora de conocer gente; si un local te invita a visitar un lugar fuera de lo común y te sientes cómodo, podrías vivir una experiencia memorable.

Decir sí a oportunidades únicas

LAS OPORTUNIDADES ESPONTÁNEAS, como participar en un espectáculo callejero en Barcelona, asistir a un intercambio de idiomas en París o explorar callejones escondidos en Oporto, son lo que hace que viajar solo sea realmente enriquecedor. Mantente abierto a invitaciones únicas, siempre que se ajusten a tus pautas de seguridad y nivel de comodidad.

3.3 Encontrar joyas ocultas más allá de las rutas turísticas

LAS CIUDADES EUROPEAS están repletas de atracciones populares, pero la magia suele estar en descubrir los lugares menos conocidos. A continuación, se indican algunas formas de descubrir joyas ocultas que permiten vivir una experiencia más profunda y única:

Explora los mercados locales y las ferias callejeras

LOS MERCADOS LOCALES son centros culturales donde puedes probar comidas tradicionales, interactuar con los lugareños y ver artículos artesanales. Estos son algunos mercados populares que vale la pena visitar:

- **Marché des Enfants Rouges, París:** Este es el mercado cubierto más antiguo de París y ofrece una mezcla de comida callejera francesa, marroquí y caribeña.
- **Mercado de San Miguel, Madrid:** Conocido por sus tapas y mariscos frescos, este mercado es un gran lugar para probar una variedad de delicias españolas.
- **Naschmarkt, Viena:** El Naschmarkt de Viena es un animado mercado con puestos de comida, antigüedades y productos frescos que te sumergirán en la cultura austriaca.

Pida recomendaciones a los lugareños

LOS LUGAREÑOS SUELEN ser los que mejor conocen los lugares escondidos, ya sea un mirador tranquilo, un museo menos conocido o un fantástico restaurante familiar. No dude en pedirle recomendaciones a su conserje del hotel, a un amable dueño de tienda o a otros comensales sobre lugares para visitar que no se publicitan demasiado.

Utilice las redes sociales para descubrir lugares inusuales

LAS PLATAFORMAS COMO Instagram y Pinterest pueden ser excelentes recursos para encontrar lugares únicos. Busca hashtags relacionados con la ciudad, como #HiddenParis o #SecretAmsterdam, para descubrir lugares pintorescos y menos visitados que otros viajeros han descubierto.

3.4 Aceptar la cultura local y conocer gente nueva

CONOCER A LOS LUGAREÑOS y a otros viajeros es uno de los aspectos más destacados de viajar solo. Estas interacciones añaden una capa de profundidad a la experiencia y crean recuerdos que suelen eclipsar los lugares de interés y las atracciones turísticas. A continuación, te indicamos cómo relacionarte con los lugareños y conocer a otros viajeros:

Únase a tours grupales o recorridos a pie

UNIRSE A UN RECORRIDO a pie local o a una excursión en grupo es una excelente manera de aprender más sobre un lugar mientras conoces a otros viajeros solitarios o a lugareños. Muchas ciudades ofrecen experiencias grupales únicas, como:

- **Recorridos de arte e historia**:Para una exploración más profunda, busque tours especializados, como tours centrados en el arte en Florencia o tours históricos en Berlín.
- **Tours gastronómicos**:Un recorrido gastronómico por Lisboa o Barcelona te presenta las joyas culinarias de la ciudad y te permite conocer a otros entusiastas de la comida.
- **Recorridos a pie gratuitos**:Estos tours funcionan con un sistema de propinas, lo que los hace asequibles y accesibles. Son ideales para conocer las principales atracciones de una ciudad y encontrar compañeros de viaje a lo largo del camino.

Asista a eventos y festivales locales

EUROPA ES RICA EN EVENTOS culturales y muchos de ellos están abiertos al público. Asistir a un festival o evento local te permite experimentar la cultura de primera mano, ya sea un festival de música, una feria de arte o una celebración navideña.

- **Carnaval de Notting Hill, Londres:**Una vibrante celebración de la cultura caribeña en agosto, conocida por sus animados desfiles y música.
- **Fiestas de la Mercè, Barcelona:**Este festival de septiembre incluye conciertos, fuegos artificiales y los tradicionales castells.
- **Mercados de Navidad en Alemania:**Los mercados navideños en ciudades como Múnich y Berlín ofrecen artesanías únicas, vino caliente y delicias navideñas.

Uso de aplicaciones para conexiones sociales

EXISTEN VARIAS APLICACIONES que pueden ayudarte a conocer a gente local u otros viajeros de forma segura y cómoda. Estas son algunas opciones:

- **Reunión:**Únase a grupos basados en intereses para realizar actividades como senderismo, fotografía o intercambio de idiomas.
- **Lugares de reunión de couchsurfing:**Esta aplicación te permite conectarte con otros viajeros o lugareños para reuniones casuales, como salidas para tomar un café o recorridos por la ciudad.
- **Tándem:**Si estás interesado en el intercambio de idiomas, esta aplicación te conecta con personas locales que quieren practicar inglés o ayudarte a practicar su idioma.

3.5 Practicar la etiqueta y el respeto cultural

CADA PAÍS TIENE SUS propias costumbres, tradiciones y formas de hacer las cosas, y mostrar respeto por la cultura local puede mejorar tu experiencia y ayudarte a construir relaciones positivas. Aquí tienes una guía rápida para practicar la etiqueta cultural en Europa:

Comprender las normas sociales

LAS CULTURAS EUROPEAS pueden variar mucho, por lo que es útil familiarizarse con algunas costumbres generales:

- **Saludos**En Francia e Italia, por ejemplo, la gente suele saludarse con besos en las mejillas, mientras que en Alemania y el norte de Europa es más común un apretón de manos.

- **Espacio personal**En el norte de Europa, las personas tienden a valorar el espacio personal y pueden encontrar la proximidad física intrusiva, mientras que en el sur de Europa, las personas suelen ser más expresivas y físicamente cercanas.
- **Etiqueta en la mesa**:En muchos países europeos, es costumbre decir "salud" o "Prost" antes de beber con otras personas. Además, suele considerarse de mala educación apresurarse a la hora de comer en países como Francia e Italia, donde la comida se considera una ocasión social.

Vestirse modestamente en lugares religiosos o históricos

AL VISITAR LUGARES religiosos o históricos, vestirse con modestia es una señal de respeto. Muchas iglesias, templos y monumentos, especialmente en Italia y Grecia, tienen códigos de vestimenta que exigen que los visitantes se cubran los hombros y las rodillas.

Aprendiendo algunas frases locales

APRENDER ALGUNAS FRASES básicas en el idioma local, como "gracias" (merci en francés, gracias en español), "hola" (hallo en alemán, ciao en italiano) y "por favor" puede demostrar respeto y aprecio por la cultura. Los lugareños suelen apreciar el esfuerzo, incluso si tu pronunciación no es perfecta.

3.6 Disfrutar de las alegrías de comer solo y de los momentos no planificados

PARA MUCHOS VIAJEROS solitarios, cenar solos y aprovechar momentos no planificados puede parecer intimidante, pero estas experiencias suelen generar mayor crecimiento y satisfacción.

Dominando el arte de comer solo

COMER SOLO PUEDE SER una de las partes más enriquecedoras de un viaje en solitario, ya que te da tiempo para saborear la experiencia. A continuación, te ofrecemos algunos consejos para que sea una experiencia agradable:

- **Elige cafés y lugares informales**: Muchas ciudades europeas tienen cafeterías tranquilas donde es habitual comer solo. Elige un asiento junto a la ventana para observar a la gente mientras disfrutas de tu comida.
- **Trae un libro o diario**: Si te sientes incómodo sentado solo, un libro o diario puede ser un gran compañero.
- **Pruebe las especialidades locales**: Probar la cocina local, como la pasta en Italia o el queso en Francia, enriquecerá su experiencia. No dude en pedir recomendaciones al personal.

Encontrar la alegría en los momentos sencillos

UNA DE LAS VENTAJAS de viajar solo es aprender a disfrutar de la propia compañía. Los momentos no planificados (sentarse en un parque tranquilo, pasear por un barrio local o contemplar la puesta de sol sobre el mar) pueden convertirse en algunos de los recuerdos más gratificantes de tu viaje.

En este capítulo te hemos ofrecido consejos sobre cómo explorar con confianza, aceptar la espontaneidad, descubrir joyas ocultas y sumergirte en la cultura local. Ahora que estás listo para recorrer Europa como un aventurero en solitario, ¡deja que el viaje se desarrolle!

Capítulo 4: Cómo mantenerse seguro y consciente en su viaje en solitario

La seguridad es una prioridad para cualquier viajero, especialmente para las mujeres que viajan solas. Estar preparada y estar alerta mientras se divierte le ayudará a viajar con confianza. En este capítulo se tratarán las estrategias esenciales para mantenerse a salvo mientras se integra al resto, se cuida la salud, se manipulan las pertenencias de forma segura y se desenvuelve en diferentes situaciones sociales.

4.1 Mantenerse consciente de su entorno

UNA DE LAS MEJORES maneras de mantenerse a salvo es estar atento a lo que ocurre a su alrededor. Si se mantiene atento y practica algunos hábitos sencillos, podrá transitar por zonas desconocidas con confianza.

Mantener la conciencia situacional

LA CONCIENCIA SITUACIONAL es la práctica de observar el entorno y evaluar los posibles riesgos. Te ayuda a tomar decisiones rápidas si sientes que algo no está bien. A continuación, te indicamos cómo mantenerte alerta sin sentirte paranoico:

- **Tome nota de las salidas:** Al entrar en un lugar nuevo, como una cafetería o un museo, toma nota mental de las salidas y las rutas alternativas. Es un pequeño hábito que puede ayudarte a sentirte seguro en cualquier entorno.
- **Mantente atento a las personas que te rodean:** Al moverse entre multitudes o usar el transporte público, preste atención a las personas que se encuentran cerca. Confíe en sus instintos; si alguien está demasiado cerca o actúa de manera

extraña, está bien alejarse o buscar una zona más concurrida y bien iluminada.

- **Limite las distracciones:** Evita caminar absorto en tu teléfono o auriculares. Mantenerte alerta te permite estar en sintonía con tu entorno y evita que parezcas un blanco fácil.

Integración con los lugareños

MIMETIZARSE PUEDE HACER que usted sea menos visible y reducir la probabilidad de que se le acerquen estafadores o carteristas.

- **Vístete de manera respetuosa y apropiada:** Investiga las normas culturales sobre la vestimenta en cada destino. En muchas ciudades europeas, la gente se viste de manera más formal que en otras partes del mundo. Si evitas la vestimenta demasiado informal o turística, te integrarás mejor.
- **Cuida tus objetos de valor**: Evite exhibir objetos de valor como joyas caras o artículos de diseño, ya que pueden convertirlo en un blanco fácil. Utilice su teléfono y cámara con discreción, especialmente en áreas concurridas.

4.2 Protección de sus pertenencias

EN GENERAL, EUROPA es un lugar seguro, pero los carteristas pueden ser un problema en las zonas turísticas más concurridas. A continuación, se ofrecen algunos consejos prácticos para mantener sus pertenencias seguras.

Uso de equipo antirrobo

INVERTIR EN BOLSOS y accesorios antirrobo es una buena opción para quienes viajan solos. A continuación, se indican algunos elementos que conviene tener en cuenta:

- **Mochila o bolso antirrobo**:Elija un bolso con cremalleras con cerradura, compartimentos con bloqueo RFID y material a prueba de cortes.
- **Cinturón de dinero o billetera para el cuello**:Un cinturón de dinero o una billetera para el cuello que se usa debajo de la ropa mantiene seguros objetos importantes como su pasaporte y tarjetas de crédito.
- **Cerradura o alarma portátil para puerta**:Si se aloja en un alojamiento económico o desea mayor seguridad en los hoteles, una cerradura de puerta portátil o una alarma de viaje pueden aportarle tranquilidad adicional.

Manejo de objetos de valor en lugares concurridos

LAS ZONAS TURÍSTICAS concurridas, el transporte público y los mercados son lugares privilegiados para los carteristas. A continuación, le indicamos cómo mantener seguros sus objetos de valor:

- **Utilice la regla del crossover**:Lleve siempre los bolsos cruzados, con el bolso delante y una mano apoyada sobre él. Así será más difícil que alguien pueda arrebatárselo o abrirlo.
- **Mantenga lo esencial cerca**:Guarde elementos esenciales como su pasaporte, dinero y tarjetas en una bolsa pequeña y segura que pueda mantener cerca de su cuerpo, especialmente cuando use el transporte público.
- **Esté especialmente alerta en los lugares más concurridos**: Lugares emblemáticos como la Torre Eiffel en París, Las Ramblas en Barcelona y el Coliseo en Roma son imanes tanto para turistas como para carteristas. Mantenga sus pertenencias seguras y evite dejar bolsos en sillas o mesas sin supervisión.

4.3 Cómo navegar por la salud y el autocuidado en el camino

MANTENER EL BIENESTAR físico y mental es fundamental durante un viaje en solitario. En esta sección se explica cómo mantenerse sano, cómo controlar el estrés y cómo encontrar rutinas de cuidado personal mientras se viaja.

Mantenerse saludable mientras viaja

VIAJAR PUEDE AFECTAR tu cuerpo de maneras inesperadas, especialmente con el cambio de clima, los días de viaje largos y las cocinas extranjeras. Aquí tienes algunos consejos para mantenerte saludable:

- **Mantente hidratado**:Lleve una botella de agua reutilizable y adquiera el hábito de beber durante todo el día. Muchas ciudades europeas cuentan con agua potable del grifo y fuentes públicas.
- **Priorizar las comidas equilibradas**:Es fácil darse un capricho cuando se viaja, pero trate de mantener un equilibrio. Incluya frutas, verduras y alimentos integrales en sus comidas para mantener su nivel de energía.
- **Mantente activo**Caminar suele ser la mejor manera de explorar las ciudades europeas. Conviértalo en una rutina de ejercicio diaria y planifique actividades físicas como senderismo, ciclismo o incluso yoga en parques locales para mantenerse en forma.

Manejo del estrés y el choque cultural

VIAJAR SOLO PUEDE RESULTAR abrumador a veces, especialmente cuando uno se está adaptando a nuevas culturas. A continuación, le indicamos cómo manejar el estrés y disfrutar de su tiempo en el extranjero:

- **Establecer una rutina**: Cree una rutina diaria flexible, ya sea disfrutar de un café en una cafetería local cada mañana o dedicar un tiempo a estar con la familia. Las pequeñas rutinas pueden brindar comodidad.
- **Practica la atención plena**:Encuentre momentos para estar presente y apreciar su viaje. Dedicar unos minutos cada día a reflexionar puede aliviar el estrés y mantener los pies en la tierra.
- **Date tiempo para adaptarte**:El choque cultural es normal, especialmente en lugares con costumbres o idiomas diferentes. Tómese el tiempo necesario para adaptarse e

intente aceptar nuevas experiencias con una mente abierta.

4.4 Cómo manejar la atención y las interacciones no deseadas

COMO MUJER QUE VIAJA sola, es posible que recibas atención o invitaciones que no pediste. Estar preparada para estas situaciones te ayudará a responder con confianza y a mantener el control de tu experiencia.

Cómo reconocer y responder a las estafas más comunes

EN LAS ZONAS DE EUROPA con gran afluencia de turistas pueden encontrarse estafadores que se acercan a los viajeros con ofertas o distracciones. A continuación, se muestran algunas estafas comunes y cómo evitarlas:

- **La pulsera de la amistad**:En lugares como París y Roma, es frecuente que alguien se te acerque para ponerte una pulsera en la muñeca y luego te exija que pagues. Dile "no" con cortesía pero con firmeza y aléjate.
- **Solicitudes de fotografías**:Algunas personas pueden ofrecerse a tomarte una foto y luego pedirte dinero. Rechaza la oferta con cortesía o solo entrega tu teléfono a personas en las que confíes.
- **Estafas de peticiones**:Alguien puede pedirle que firme una petición, lo que lo distraerá mientras un cómplice busca sus objetos de valor. Niéguese cortésmente y continúe su camino.

Establecer límites con firmeza y confianza

LA ATENCIÓN NO DESEADA puede ocurrir en cualquier parte del mundo. Aquí te contamos cómo manejarla con confianza:

- **Un firme "No, gracias":** Aprenda a decir claramente "no, gracias" en el idioma local. En la mayoría de los casos, la gente respetará una negativa firme pero educada.
- **Evite el contacto visual prolongado:** En algunas culturas, el contacto visual prolongado puede percibirse como una invitación. Evite el contacto visual si percibe un interés no deseado.
- **Encuentra una salida segura:** Si una situación se siente incómoda, discúlpese y busque una salida segura, ya sea yendo a un café concurrido o llamando un taxi.

Utilizar el lenguaje corporal para afirmar la independencia

TU LENGUAJE CORPORAL puede transmitir confianza y disuadir interacciones no deseadas. Mantente erguido, camina con determinación y deja en claro que sabes a dónde vas, incluso si todavía estás tratando de averiguarlo. Mantener la cabeza en alto y mantener un ritmo rápido puede indicar que no eres un blanco fácil.

4.5 Cómo navegar con seguridad en transporte y alojamiento

EL TRANSPORTE Y EL alojamiento son fundamentales para cualquier viaje, y tomar simples precauciones de seguridad en estas áreas puede mejorar su experiencia de viaje en general.

Prácticas seguras en el transporte público

EL TRANSPORTE PÚBLICO es una forma popular y asequible de moverse en Europa, pero hay algunos consejos de seguridad que conviene tener en cuenta:

- **Utilice los servicios oficiales:**Utilice taxis autorizados o servicios de transporte compartido de confianza como Uber o Bolt, especialmente de noche. Evite aceptar viajes no solicitados.

- **Manténgase alerta en trenes y autobuses:**Cuando viaje en transporte público, mantenga el bolso en su regazo o entre sus pies en lugar de en el asiento de al lado.
- **Opciones seguras de transporte nocturno:**Para viajar tarde, considere reservar su boleto con anticipación y elegir compañías de autobuses o trenes con buena reputación que operen rutas nocturnas seguras.

Seguridad en los alojamientos

YA SEA QUE TE ALOJES en un hotel, un albergue o Airbnb, tomar pequeñas precauciones puede hacer que tu estadía sea más segura:

- **Consulte las reseñas sobre seguridad:**Antes de reservar, lea las reseñas en sitios de buena reputación como Booking.com o Airbnb y preste atención a los comentarios sobre la seguridad del vecindario.
- **Utilice las cajas fuertes del hotel:**Guarde objetos de valor como pasaportes y dispositivos electrónicos en la caja fuerte de la habitación o, si no está disponible, guárdelos en una bolsa segura.
- **Rutinas de check-in en la habitación:**Al llegar, verifique que las ventanas y las puertas cierren correctamente. Familiarícese con las salidas de emergencia y utilice un tope de puerta para mayor seguridad.

4.6 Confiar en sus instintos y aceptar la autosuficiencia

CONFIAR EN TUS INSTINTOS es una habilidad invaluable cuando viajas solo, ya que te da la confianza para navegar en entornos desconocidos y tomar decisiones rápidas en situaciones potencialmente inseguras.

Escuchando tu instinto

SI SIENTES QUE ALGO no está bien, probablemente así sea. Tu intuición suele ser la mejor guía. Confía en ti mismo para tomar la decisión correcta, ya sea alejarte de una interacción cuestionable, rechazar una invitación o evitar una ruta desconocida por la noche.

Abrazando la autosuficiencia

VIAJAR SOLO ES UNA experiencia empoderadora que fortalece la autosuficiencia. Con cada nuevo lugar que visites, cada situación que afrontes solo, desarrollarás resiliencia. Acepta este viaje con confianza, sabiendo que cada desafío mejora tu independencia y crecimiento.

Saber cuándo buscar ayuda

AUNQUE VIAJAR SOLO hace hincapié en la independencia, es fundamental saber cuándo buscar ayuda. En las ciudades más grandes, encontrará centros de información turística, agentes de policía que hablan inglés y habitantes hospitalarios que pueden ayudarlo si lo necesita. No dude en pedir ayuda cuando sea necesario, ya que Europa suele ser solidaria con los viajeros.

Si pone en práctica estas estrategias de seguridad, podrá explorar Europa con confianza y preparado para lo que se le presente. Desde proteger sus pertenencias hasta establecer límites, mantener la conciencia de la situación y seguir sus instintos, cada una de estas herramientas le permitirá recorrer Europa como un viajero independiente y astuto.

Ahora que está equipado con consejos de seguridad esenciales, está listo para aprovechar al máximo su viaje en solitario, con libertad y tranquilidad de su lado.

Capítulo 5: Creando experiencias inolvidables en Europa

Viajar solo es una oportunidad para sumergirse por completo en el mundo que lo rodea, aceptar la libertad de tomar sus propias decisiones y saborear cada momento a su manera. En este capítulo, analizaremos las formas de crear experiencias memorables e impactantes como viajero solo, desde explorar lugares menos conocidos y conectarse con comunidades locales hasta capturar momentos especiales que pueda atesorar mucho después de que termine el viaje.

5.1 En busca de experiencias auténticas

EUROPA ES RICA EN CULTURA, historia y maravillas ocultas, muchas de las cuales se encuentran más allá de los caminos trillados de las atracciones turísticas. Descubrir estas joyas ocultas no solo es una aventura emocionante, sino que también le permite experimentar el lado auténtico de cada destino.

Explorando destinos poco conocidos

AUNQUE VALE LA PENA visitar lugares famosos como la Torre Eiffel, el Coliseo y la Sagrada Familia, el verdadero encanto de Europa suele estar en sus lugares menos conocidos. A continuación, te indicamos cómo encontrarlos:

- **Aventúrese a pueblos y aldeas más pequeños**:Ciudades como Annecy en Francia, Sintra en Portugal y Gante en Bélgica ofrecen paisajes impresionantes, arquitectura histórica y la oportunidad de ver la vida local sin grandes multitudes.
- **Descubra barrios ocultos**:Incluso las grandes ciudades

tienen rincones de cultura y encanto que muchos turistas pasan por alto. Explore lugares como Trastevere en Roma, Alfama en Lisboa y El Raval en Barcelona para obtener una visión auténtica de la vida cotidiana y el espíritu de la ciudad.

- **Pida recomendaciones a los lugareños**:Los lugareños pueden guiarte hacia tesoros ocultos. Pídeles recomendaciones sobre lugares para comer, miradores ocultos y lugares locales favoritos; es posible que te lleven a lugares que nunca encontrarías en una guía.

Participación en costumbres y festivales locales

EUROPA ES CONOCIDA por sus festivales, mercados estacionales y tradiciones únicas. Participar en estos eventos te permitirá conocer la cultura desde dentro:

- **Fiestas tradicionales**:Intenta combinar tu visita con festivales locales como el Oktoberfest de Múnich, el Festival Fringe de Edimburgo o el Carnaval anual de Venecia para vivir una experiencia cultural inolvidable.
- **Clases y talleres culturales**:Busque oportunidades para participar en clases de cocina en Italia, catas de vino en Francia o lecciones de flamenco en España. Estas experiencias prácticas ofrecen una forma memorable de conectarse con la cultura local.
- **Mercados y Ferias Artesanales**Los mercados de Europa, desde los mercadillos de Berlín hasta el Borough Market de Londres, son lugares vibrantes para disfrutar de la comida, el arte y la artesanía locales. No te pierdas los eventos de temporada como los mercados navideños en Alemania o los mercados de flores en los Países Bajos.

5.2 Conectarse con los lugareños y otros viajeros

UNA DE LAS MEJORES partes de viajar solo es la oportunidad de conocer gente de diferentes orígenes, tanto locales como compañeros de viaje. Aquí te contamos cómo fomentar conexiones significativas a lo largo del camino.

Haciendo amigos en el camino

VIAJAR SOLO NO TIENE por qué significar aislamiento; hay muchas formas de conocer gente que puede enriquecer tu experiencia:

- **Estancia en alojamientos sociales**:Los albergues, las pensiones e incluso algunos hoteles boutique organizan eventos sociales en los que los viajeros solitarios pueden socializar. Muchos albergues ofrecen actividades grupales, como recorridos por la ciudad, recorridos por bares y noches de cocina.
- **Únase a los tours grupales**:Los recorridos locales para grupos pequeños, como recorridos en bicicleta, recorridos a pie o recorridos gastronómicos, brindan una manera cómoda de conocer a otras personas mientras experimenta la ciudad.
- **Utilice aplicaciones sociales para viajeros**:Aplicaciones como Meetup, Couchsurfing e incluso Instagram pueden conectarte con personas de la zona. Algunas ciudades también tienen grupos locales de WhatsApp o Facebook para viajeros.

Participar en conversaciones significativas con los lugareños

INTERACTUAR CON LOS lugareños puede profundizar su comprensión de un lugar y crear recuerdos duraderos:

- **Aprenda frases básicas en el idioma local:** Algunas frases como "hola", "gracias" y "adiós" en el idioma local pueden causar una impresión positiva y a menudo dar lugar a conversaciones cálidas.
- **Visita cafés y librerías locales:** Los cafés, las librerías y los lugares de reunión locales son excelentes lugares para entablar conversaciones informales con los lugareños.
- **Asiste a reuniones de intercambio de idiomas:** Muchas ciudades organizan eventos de intercambio de idiomas en los que la gente se reúne para practicar diferentes idiomas. Es una forma divertida y relajada de conocer gente local y mejorar sus habilidades lingüísticas.

5.3 Capturar y preservar recuerdos

LOS RECUERDOS DE VIAJES son preciosos y encontrar formas de capturarlos puede ayudarte a atesorar tus experiencias mucho después de haber regresado a casa. Aquí te contamos cómo preservar esos momentos especiales de manera creativa.

Tomando fotografías significativas

EN LUGAR DE CENTRARTE únicamente en capturar puntos de referencia, intenta documentar momentos que capturen el espíritu de tu viaje:

- **Captura los momentos cotidianos**:Toma fotografías de mercados locales, comidas y escenas callejeras que resalten la vida cotidiana del lugar que estás visitando.

- **Crea un diario fotográfico**:Ten un pequeño cuaderno en el que anotes detalles sobre cada foto: dónde estabas, qué sentiste y las conversaciones que tuviste. Esto convierte tus fotos en una experiencia narrativa.
- **Utilice temporizadores automáticos o pregunte a otras personas**:No dudes en pedirle a otros viajeros o a los lugareños que te tomen una foto, o utiliza un temporizador para tomar fotos en solitario. Estas fotos te capturarán en medio de tu aventura y crearán recuerdos inolvidables.

Llevar un diario de viaje

LLEVAR UN DIARIO PUEDE ser una forma reflexiva y agradable de documentar tu viaje:

- **Escribe un resumen diario**Resume tu día en unas pocas frases: qué hiciste, viste y sentiste. Esto creará un banco de recuerdos que podrás revisar en cualquier momento.
- **Registre pequeños detalles**:Captura fragmentos de conversaciones, encuentros divertidos o momentos significativos en tu diario. Estos pequeños detalles son los que a menudo olvidamos con el tiempo.
- **Dibuja tu entorno**:Si tienes inclinaciones artísticas, considera hacer bocetos de algunos de los lugares que visitas. Incluso los bocetos simples pueden ser una forma significativa de recordar lugares especiales.

5.4 Practicando la atención plena y la gratitud

VIAJAR SOLO PUEDE SER profundamente transformador, especialmente si lo haces con conciencia. Reducir el ritmo y apreciar cada experiencia te permite aprovechar al máximo tu viaje.

Abraza el momento presente

DEDICAR TIEMPO A SER consciente durante los viajes te ayudará a saborear cada experiencia. A continuación, te indicamos cómo mantenerte centrado en tu viaje:

- **Pausa y observa:**En lugar de apresurarse en su itinerario, tómese unos momentos en cada destino para respirar, observar y apreciar el entorno.
- **Desconectarse de la tecnología:**Si bien documentar tu viaje es importante, reserva algunos momentos sin tu teléfono o cámara. Aprovecha esos momentos para absorber por completo la belleza y la atmósfera que te rodea.
- **Reflexiona sobre tu viaje:**Al final de cada día, tómate unos minutos para reflexionar sobre lo que has vivido y por lo que estás agradecido. Esto puede profundizar tu valoración del viaje y ayudarte a interiorizar los recuerdos.

Practicando la gratitud por el camino recorrido

VIAJAR SOLO PUEDE SER un desafío, pero también un privilegio. Cultivar la gratitud puede enriquecer tu experiencia:

- **Reconocer pequeños actos de bondad**Ya sea una sonrisa amistosa de un extraño, una instrucción útil de un local o una comida caliente después de un largo día, toma nota de la amabilidad que encuentres.
- **Celebre su independencia**Cada decisión que tomas por tu cuenta es un testimonio de tu fuerza y coraje. Celebra tu capacidad de viajar sola y la perspectiva única que te brinda sobre el mundo.
- **Sea agradecido por la oportunidad de explorar**Reconocer

el privilegio de viajar, los lugares que ves y las culturas con las que interactúas hará que tu viaje sea aún más significativo.

5.5 Aceptar el viaje como viajero en solitario

EN DEFINITIVA, VIAJAR en solitario es una forma de descubrirse a uno mismo, crecer y superar las zonas de confort. A continuación, te contamos cómo vivir plenamente este viaje transformador.

Celebre sus éxitos en solitario

VIAJAR SOLO IMPLICA innumerables pequeñas victorias, desde recorrer una nueva ciudad en solitario hasta comunicarse con éxito en un idioma extranjero. Celebre cada logro:

- **Recompénsate con pequeñas golosinas**Regálate un dulce favorito, un souvenir o un relajante día en un spa. Estas pequeñas recompensas pueden ser un recordatorio de tus logros.
- **Reflexiona sobre tu crecimiento**Viajar solo suele conducir al crecimiento personal. Tómate un tiempo para reflexionar sobre lo que has aprendido sobre ti mismo, tus preferencias y tus límites.
- **Aprecia tu resiliencia**Viajar solo requiere resiliencia, adaptabilidad y confianza. Aprovecha la fortaleza y la independencia que desarrolles a lo largo del camino.

Confía en el viaje

NO TODOS LOS DÍAS SERÁN perfectos, pero confía en que cada momento contribuye a una experiencia significativa:

- **Abraza lo inesperado**:Ya sea que se trate de un retraso en los planes, un cambio repentino del clima o un desvío no planificado, aproveche los momentos inesperados. Estos suelen dar lugar a las experiencias más memorables.

- **Deja ir la perfección**:Es natural querer que todo salga bien, pero viajar solo puede ser impredecible. Dejar de lado la perfección te permite disfrutar del viaje al máximo.
- **Disfrute de la libertad de explorar en solitario**:Existe una alegría única en explorar el mundo a tu manera. Acepta la libertad de marcar tu propio ritmo, perseguir tus intereses y descubrir nuevas pasiones.

5.6 Traer el viaje a casa

AUNQUE LA AVENTURA puede terminar, el impacto de viajar solo puede durar toda la vida. Aquí te contamos cómo mantener vivo el espíritu viajero después de regresar a casa.

Mantenerse conectado con las personas que conoció

SI HA ESTABLECIDO CONEXIONES significativas con otros viajeros o con personas locales, manténgase en contacto:

- **Intercambio de redes sociales o correo electrónico**: Comparte información de contacto con personas con las que

te conectaste en el camino. Esto te permite mantener amistades o incluso planificar viajes futuros juntos.
- **Enviar una nota de agradecimiento**:Si un local hizo un esfuerzo especial para ayudarte o guiarte, una pequeña nota o mensaje de agradecimiento puede significar mucho.

Reflexionando sobre tu experiencia

CUANDO REGRESES, TÓMATE un tiempo para recordar tu viaje:

- **Crea un álbum de recortes de viajes**:Imprime fotografías, guarda billetes y recopila pequeños recuerdos para crear un álbum de recortes de tus viajes.
- **Comparte historias con tus seres queridos**:Compartir tus experiencias con familiares y amigos ayuda a mantener vivos los recuerdos y te permite reflexionar sobre lo que has aprendido.

Viajar solo es un viaje que no solo te lleva a conocer nuevos lugares, sino también a tu interior. Al buscar experiencias auténticas, conectar con la gente local, capturar recuerdos significativos y aceptar el viaje con gratitud, estás creando historias y lecciones que permanecerán contigo mucho después de tu regreso. Europa te espera: ¡haz que sea el escenario de tu propia e inolvidable aventura en solitario!

Capítulo 6: Elaboración de presupuestos y gestión de finanzas para una aventura en solitario

Viajar por Europa como aventurero en solitario es una opción que se puede hacer con casi cualquier presupuesto, siempre que se planifique de forma estratégica y se tomen decisiones de gasto conscientes a lo largo del camino. En este capítulo, analizaremos cómo crear un presupuesto realista, maximizar los ahorros antes de partir y administrar los gastos durante el viaje para que pueda disfrutar de cada experiencia sin estrés financiero.

6.1 Planificación de su presupuesto y establecimiento de objetivos financieros

ANTES DE EMPEZAR A explorar Europa, es fundamental tener un presupuesto que cubra todos los aspectos de tu viaje, desde los vuelos hasta las comidas y los souvenirs. Saber cuánto necesitarás para cada categoría te ayudará a evitar gastos inesperados.

Estimación de costos para su destino

LOS COSTES DE VIAJE varían mucho según el país y la región de Europa. A continuación, te indicamos cómo calcular los gastos para cada parte de tu viaje:

- **Alojamiento:**Investiga el costo de hoteles, hostales y alquileres a corto plazo en los destinos que elijas. Ciudades como Londres y París suelen ser más caras que ciudades más pequeñas como Oporto o Cracovia.
- **Comida y cena:**Calcula el costo diario de las comidas consultando los precios de los restaurantes locales. Además,

considera si prepararás algunas comidas tú mismo para ahorrar dinero.

- **Transporte:**Considere los vuelos, los pases de tren y el transporte público. Si va a viajar entre varias ciudades o países, busque pases de tren como el Eurail o aerolíneas de bajo coste como Ryanair.
- **Actividades y excursiones:**Haga una lista de las actividades clave que desea realizar, como visitas a museos, visitas guiadas o excursiones al aire libre, y presupueste las entradas o el alquiler de equipos.

Creación de un fondo de viajes

UNA VEZ QUE TENGA UNA estimación, determine cuánto necesita ahorrar por adelantado:

- **Configurar una cuenta de ahorros dedicada:**Abre una cuenta de ahorros específicamente para tu fondo de viaje. De esta manera, tus ahorros para viajes se mantendrán separados de otros fondos, lo que facilitará su seguimiento.
- **Automatizar ahorros:**Configure una transferencia automática cada mes a su cuenta de viajes. Incluso las cantidades pequeñas se acumulan con el tiempo.
- **Reducir los gastos diarios**Considere hacer pequeños sacrificios, como evitar ir a la cafetería todos los días o reducir las suscripciones en línea, para aumentar aún más sus ahorros en viajes.

6.2 Ahorro de dinero en transporte

EL TRANSPORTE PUEDE suponer un gasto importante, pero con el enfoque adecuado puedes ahorrar significativamente en vuelos, trenes, autobuses y transporte local.

Reserva de vuelos económicos

SI ES NECESARIO VOLAR, reservar de forma inteligente puede ahorrar mucho:

- **Utilice sitios de comparación de precios**:Sitios web como Skyscanner y Google Flights te ayudan a encontrar los mejores precios entre aerolíneas. Sé flexible con las fechas para descubrir las opciones más económicas.

- **Considere las aerolíneas de bajo costo**:Europa cuenta con varias aerolíneas de bajo coste (como EasyJet y Ryanair) que ofrecen vuelos económicos entre las principales ciudades. Tenga en cuenta que estas aerolíneas pueden cobrar por el equipaje adicional o la selección de asientos.
- **Opte por vuelos nocturnos o entre semana**Viajar durante horarios de baja demanda, como días laborables o vuelos nocturnos, puede resultar en tarifas más bajas.

Maximizar los ahorros en el transporte local y regional

VIAJAR DENTRO DE EUROPA en autobús o tren suele ser rentable:

- **Pases de tren**:Si planeas visitar varios países, un pase Eurail o Interrail puede ser una excelente opción. Estos pases ofrecen flexibilidad y te permiten subir y bajar de trenes en toda Europa.
- **Viajes en autobús**Para los viajeros que cuidan su presupuesto, los autobuses como FlixBus y BlaBlaCar son formas económicas de moverse entre ciudades, especialmente para distancias cortas.
- **Transporte público**:Utilice autobuses, metros y tranvías locales para desplazarse por las ciudades. Muchas ciudades ofrecen pases diarios o billetes para varios días a un precio reducido.

6.3 Encontrar alojamiento asequible

EL ALOJAMIENTO ES OTRO gasto importante, pero hay opciones que se adaptan a cualquier presupuesto, desde hostales hasta alquileres vacacionales.

Elegir opciones económicas

EXISTEN VARIOS TIPOS de alojamiento asequible en Europa:

- **Hostales**:Son ideales para quienes viajan solos y ofrecen habitaciones compartidas y privadas. Muchos albergues cuentan con cocinas comunes, actividades sociales y recorridos que te permiten ahorrar dinero mientras conoces a otros viajeros.
- **Casas de huéspedes y B&B**:Estos pequeños establecimientos familiares suelen ser más asequibles que los hoteles y ofrecen una experiencia local.
- **Alquileres a corto plazo**:Plataformas como Airbnb o Booking.com pueden ofrecer estadías únicas a precios competitivos, especialmente si te quedas por unos días o más.

Uso de puntos y descuentos de membresía

SI VIAJA CON FRECUENCIA, únase a programas de fidelización o utilice puntos de tarjetas de crédito para ahorrar:

- **Programas de fidelización de hoteles**:Las principales cadenas hoteleras ofrecen puntos por cada estancia que pueden traducirse en descuentos o noches gratis.
- **Puntos de tarjeta de crédito**:Si tiene una tarjeta de crédito de viaje, use puntos o recompensas para vuelos, hoteles o autos de alquiler.
- **Descuentos para estudiantes, adultos mayores o miembros**:Ciertos albergues, tours y servicios de transporte ofrecen descuentos para estudiantes, personas mayores o miembros de organizaciones como Hostelling International o AAA.

6.4 Gestión de los gastos diarios con un presupuesto

UNA VEZ QUE ESTÉS DE viaje, es fundamental controlar tus gastos diarios para no salirte del presupuesto. A continuación, te ofrecemos algunos consejos para administrar los gastos sin sacrificar las experiencias.

Comer de forma económica sin privarse de nada

LA COMIDA ES UNO DE los aspectos más destacados de un viaje a Europa y podrás disfrutar de los sabores locales sin gastar una fortuna:

- **Come como un local**:En lugar de cenar en restaurantes ubicados en zonas repletas de turistas, explore los barrios locales donde los precios suelen ser más bajos y la comida es auténtica.
- **Visita mercados y tiendas de comestibles**:Los mercados locales y las tiendas de comestibles ofrecen productos frescos, quesos y pan que puedes usar para preparar tus propias comidas. Muchos mercados también ofrecen comidas preparadas a precios asequibles.
- **Disfrute de los especiales de almuerzo**:Muchos restaurantes en Europa ofrecen menús de almuerzo con descuento, donde puedes obtener una comida completa por menos de lo que pagarías en la cena.

Seguimiento de gastos sobre la marcha

HACER UN SEGUIMIENTO diario de sus gastos le ayudará a mantenerse dentro del presupuesto:

- **Utilice aplicaciones de presupuesto**:Aplicaciones como Trail Wallet, TravelSpend o incluso una simple nota en tu teléfono pueden ayudarte a controlar tus gastos.

- **Establezca un límite de gasto diario**: Divide tu presupuesto total por la cantidad de días que viajarás para crear un límite de gasto diario y dejar algo extra para gastos inesperados.
- **Pagar con moneda local**: Al utilizar una tarjeta de crédito, elija siempre pagar en la moneda local para evitar tipos de cambio desfavorables.

6.5 Cómo manejar el cambio de divisas y las comisiones bancarias

GESTIONAR DIVISAS Y comprender las comisiones bancarias es fundamental para cualquier viajero internacional. A continuación, le mostramos cómo gestionar los asuntos financieros de manera eficiente.

Utilizar los métodos de pago adecuados

EL USO DE TARJETAS de crédito y débito en el extranjero suele ser seguro y cómodo, pero es importante tener en cuenta los cargos:

- **Obtenga una cuenta bancaria que le permita viajar:**Muchos bancos ofrecen cuentas que eximen de comisiones por transacciones en el extranjero, lo que las hace ideales para viajes internacionales.
- **Utilice cajeros automáticos locales para retirar efectivo:**Si necesita efectivo, evite las casas de cambio en aeropuertos o zonas turísticas, ya que suelen tener comisiones elevadas. Saque dinero de un cajero automático local para obtener mejores tipos de cambio.
- **Lleva una tarjeta de respaldo:**Ten siempre una segunda tarjeta o forma de pago en caso de pérdida, robo o problemas con el cajero automático.

Cómo protegerse del fraude

AL UTILIZAR TARJETAS de crédito y cajeros automáticos, esté alerta para evitar fraudes:

- **Notifique a su banco:**Informe a su banco sobre sus planes de viaje para evitar que su tarjeta sea bloqueada debido a actividad sospechosa.
- **Utilice cajeros automáticos en lugares seguros:**Opte por cajeros automáticos ubicados en bancos o zonas pobladas y bien iluminadas para reducir el riesgo de robo de tarjetas.
- **Verificar cargos de tarjeta:**Revise periódicamente sus transacciones para detectar a tiempo cualquier cargo sospechoso.

6.6 Presupuestar lo inesperado

VIAJAR PUEDE TRAER sorpresas, y reservar un fondo de emergencia le garantiza estar preparado para cualquier cosa, desde vuelos perdidos hasta excursiones espontáneas.

Creación de un fondo de contingencia para viajes

UN FONDO DE EMERGENCIA te da tranquilidad ante gastos inesperados:

- **Reserva dinero extra**:Reserve una parte de su presupuesto específicamente para costos inesperados, como transporte adicional, noches extras de alojamiento o actividades imprevistas.
- **Utilice un plan de seguro de viaje**:El seguro de viaje puede ahorrarle gastos sustanciales si enfrenta emergencias médicas, cancelaciones de viaje o pérdida de equipaje.

Preparándose para costos adicionales

MÁS ALLÁ DE LAS EMERGENCIAS, tenga en cuenta estos gastos que a menudo se pasan por alto:

- **Propinas**:Las costumbres en materia de propinas varían en toda Europa. En muchos países, se agradece una pequeña propina, pero no es obligatoria, mientras que en otros, como España, el servicio está incluido.
- **Souvenirs y compras**:Planifique con anticipación los recuerdos o regalos. Elija un presupuesto de compras pequeño para evitar gastar de más en compras impulsivas.
- **Impuestos y tasas de salida**:Algunos aeropuertos y ciudades exigen el pago de una tasa de salida. Investigue estas tarifas

con anticipación para incluirlas en su presupuesto.

Viajar solo por Europa con un presupuesto limitado es totalmente posible si planificas bien y tienes un poco de flexibilidad. Si tienes tus finanzas en orden, podrás disfrutar de las experiencias que más te importan, ya sea saborear una comida deliciosa, explorar un sitio antiguo o encontrar el recuerdo perfecto de tu aventura. Si planificas tu presupuesto de forma inteligente y gastas de forma inteligente, podrás explorar Europa con confianza y con la libertad financiera para aprovechar al máximo cada momento.

Capítulo 7: Abrazando el viaje: alegrías y desafíos de viajar en solitario

Viajar solo es un viaje increíble de independencia, crecimiento personal y aventura. Ofrece una sensación de libertad inigualable, pero también presenta desafíos que pueden poner a prueba tu resiliencia. En este capítulo, analizaremos algunos obstáculos comunes de viajar solo y estrategias prácticas para superarlos. Aceptar tanto los altibajos de viajar solo puede ayudarte a crecer, descubrir nuevas fortalezas y dejarte recuerdos que duren toda la vida.

7.1 Enfrentando la soledad y encontrando la

realización personal

UNO DE LOS DESAFÍOS más comunes de viajar solo es sentirse solo a veces, especialmente en entornos desconocidos. Pero viajar solo también puede brindar el entorno perfecto para la autorreflexión, el autodescubrimiento y la realización personal.

Navegando momentos de soledad

VIAJAR SOLO PUEDE HACER que, en ocasiones, extrañes caras conocidas o que anheles compañía. A continuación, te presentamos algunas formas de afrontar esos momentos:

- **Manténgase conectado con sus seres queridos**Manténgase en contacto con familiares y amigos a través de mensajes, videollamadas o incluso postales. Compartir partes de su viaje puede reducir la sensación de aislamiento.
- **Diario de tus pensamientos**Escribir sobre tus experiencias, pensamientos y emociones puede ser una excelente forma de desahogarte. Llevar un diario no solo te ayuda a procesar tus sentimientos, sino que también crea un registro de tu recorrido que puedes consultar en el futuro.
- **Aprovecha la oportunidad de la soledad:**En lugar de evitar el tiempo a solas, aprenda a apreciarlo. Viajar solo ofrece una oportunidad única para la autorreflexión y le ayuda a sentirse cómodo con su propia compañía.

Encontrar la plenitud en la experiencia

VIAJAR EN SOLITARIO ofrece numerosas formas de cultivar un profundo sentido de realización y propósito:

- **Establecer metas personales para el viaje:**Ya sea aprender algunas frases en un nuevo idioma, probar un plato en particular o esforzarse por explorar un destino desafiante, establezca metas para centrarse en el crecimiento personal y celebrar los logros en el camino.

- **Sea voluntario o participe en iniciativas locales**: Muchos viajeros encuentran satisfacción en el trabajo voluntario, como ayudar en un refugio de animales local o participar en una limpieza de playa. Participar en iniciativas locales te ayuda a contribuir con los lugares que visitas y a conectarte con la gente local de una manera significativa.
- **Practica la gratitud diariamente**: Dedica unos minutos cada día a reflexionar sobre las cosas por las que estás agradecido. Valorar el privilegio de viajar y las hermosas experiencias vividas a lo largo del camino puede mejorar tu viaje en solitario.

7.2 Gestión de las diferencias culturales y las barreras lingüísticas

VIAJAR SOLO A UN PAÍS extranjero suele implicar adaptarse a nuevas costumbres y superar barreras lingüísticas. Aprender a afrontar estos desafíos genera confianza y enriquece tu experiencia.

Cómo afrontar las barreras del lenguaje

APRENDER INCLUSO UNAS pocas palabras o frases en el idioma local puede marcar una gran diferencia:

- **Aprenda frases clave antes de partir**: Frases básicas como "hola", "gracias" y "ayuda, por favor" pueden ser de gran ayuda para entablar una buena relación con los lugareños. Usa aplicaciones de idiomas como Duolingo o Babbel para practicar antes de tu viaje.

- **Utilice aplicaciones de traducción:**Aplicaciones como Google Translate facilitan la comunicación. Muchas aplicaciones de traducción también permiten descargar idiomas para utilizarlos sin conexión, lo que puede ser de gran ayuda en zonas remotas.
- **Confíe en la comunicación no verbal:**Los gestos simples, las expresiones faciales y el lenguaje corporal pueden ayudar a superar las barreras lingüísticas. Sonreír, señalar y mostrar gestos educados demuestran amabilidad y pueden derribar las barreras lingüísticas.

Adaptación a las diferencias culturales

CADA CULTURA TIENE costumbres y expectativas únicas, y adaptarse a estas diferencias demuestra respeto y te ayuda a sentirte más a gusto:

- **Investigar la etiqueta local**: Familiarícese con las costumbres locales, especialmente en lo que respecta a la vestimenta, los modales en la mesa y los saludos. Por ejemplo, en algunas partes de Europa, es costumbre saludar con un beso en ambas mejillas, mientras que en otras, se prefiere un apretón de manos.
- **Observar y adaptarse:**Observa cómo se comportan los lugareños en diferentes entornos, ya sea en un café, en el transporte público o en un sitio histórico. Observar e imitar el comportamiento local te ayudará a integrarte y a mostrar respeto por la cultura.
- **Mantén una mente abierta y no juzgues a los demás:**Acepte las diferencias culturales con curiosidad en lugar de juzgarlas. Viajar solo le permite conocer nuevas formas de vida y abordar estas diferencias con respeto hace que la experiencia

sea más gratificante.

7.3 Mantenerse motivado y positivo en viajes largos

LOS VIAJES LARGOS O las estancias prolongadas en países extranjeros pueden provocar a veces agotamiento o fatiga del viaje. Saber cómo mantener la motivación y encontrar el equilibrio es fundamental para aprovechar al máximo el viaje.

Equilibrar la exploración y el descanso

EL MOVIMIENTO CONSTANTE puede resultar agotador, incluso para los viajeros más entusiastas. El equilibrio es esencial para mantener la energía:

- **Tomar días de descanso**:Programa "días de descanso" en los que te relajes, recuperes el sueño perdido o simplemente disfrutes de un día tranquilo sin planes. Usa este tiempo para recargar energías y estar listo para seguir explorando.
- **Crea un itinerario flexible**:Si bien es tentador ver todo lo que se pueda, incorpore flexibilidad a su itinerario. Tómese tiempo para pasear, relajarse o cambiar de planes sin sentirse apurado.
- **Practica la atención plena**:Ya sea meditación, respiración profunda o simplemente hacer una pausa para apreciar un momento, las prácticas de atención plena lo ayudan a mantenerse presente y positivo durante su viaje.

Cómo redescubrir la emoción cuando la motivación decae

EL CANSANCIO DEL VIAJE o la nostalgia a veces pueden mermar el entusiasmo. A continuación, te indicamos cómo reavivarlo:

- **Redescubre tu 'por qué'**:Recuérdate por qué quisiste viajar en primer lugar. Reflexiona sobre los objetivos o sueños personales que te llevaron a embarcarte en esta aventura.
- **Cambia tu rutina**:Si ha estado visitando museos y lugares de interés, pruebe algo diferente: tome una clase de cocina, practique senderismo o pase un día junto al mar. Cambiar de actividades puede ayudarle a renovar su perspectiva.
- **Conéctate con gente nueva**:Conocer a otros viajeros o a gente local suele aportar nueva energía y nuevas perspectivas. Una conversación amistosa, una comida compartida o una aventura improvisada pueden reavivar tu pasión por los viajes.

7.4 Aceptar la incertidumbre y adaptarse a los desafíos

VIAJAR SOLO ESTÁ LLENO de sorpresas, algunas agradables y otras desafiantes. Aprender a aceptar lo desconocido y adaptarse a situaciones inesperadas es una habilidad valiosa que va más allá de los viajes.

Esperando lo inesperado

LA FLEXIBILIDAD ES crucial cuando estás solo:

- **Deja ir la perfección**:Las cosas no siempre salen como se planean. El clima, los retrasos en el transporte o los cambios en el alojamiento pueden requerir flexibilidad. Aceptar las imperfecciones ayuda a reducir el estrés.
- **Aprovecha los momentos fortuitos**:Algunas de las experiencias de viaje más memorables ocurren de manera inesperada. Ya sea toparse con un café escondido, conocer a un nuevo amigo o descubrir un festival, estas sorpresas suelen crear los mejores recuerdos.
- **Esté abierto a cambiar de planes**Viajar solo te da la libertad de adaptar tus planes sin necesidad de adaptarte a nadie más. Si surge una nueva oportunidad, considera decir "sí" y ver a dónde te lleva.

Aprendiendo de los desafíos

ENFRENTAR LOS DESAFÍOS en soledad puede ser empoderante:

- **Considere los obstáculos como oportunidades de aprendizaje**:Los viajes pueden presentar obstáculos, como conexiones perdidas, confusión de idiomas o malentendidos culturales. Aborde estos obstáculos como oportunidades para crecer y desarrollar resiliencia.

- **Celebre las habilidades para resolver problemas**Viajar solo requiere rapidez de pensamiento y capacidad de adaptación, lo que puede aumentar tu confianza en ti mismo. Cada desafío que superas refuerza tu capacidad para afrontar dificultades futuras.
- **Reflexiona sobre tus fortalezas**:Tómate un momento para valorar el coraje que se necesita para viajar solo. Reconocer tus fortalezas y capacidades puede ser empoderante y ayudarte a enfrentar los desafíos futuros con confianza.

7.5 La alegría del autodescubrimiento y el crecimiento personal

VIAJAR SOLO ES UN VIAJE de autodescubrimiento. Aceptar la libertad, la independencia y el crecimiento que conlleva viajar solo puede ser uno de los aspectos más gratificantes de la experiencia.

Encontrar confianza en la independencia

VIAJAR SOLO TE ENSEÑA a confiar en ti mismo y en tus capacidades:

- **Celebre su independencia:**Cada decisión que tomas, desde elegir tu próximo destino hasta recorrer una nueva ciudad, refuerza tu independencia. Disfruta de la libertad de hacer las cosas a tu manera.
- **Confía en tus instintos**Viajar solo es una gran oportunidad para escuchar tu voz interior y confiar en tus instintos. Ya sea que se trate de elegir un restaurante, explorar una calle secundaria o mudarse a una nueva ciudad, confía en ti mismo para tomar las decisiones que te parezcan adecuadas.

- **Aprecia la libertad de explorar**Viajar solo te permite marcar tu propio ritmo, seguir tus intereses y descubrir nuevas pasiones. Disfruta del lujo de explorar sin compromisos.

Aprovechar las lecciones de viajar en solitario

VIAJAR SOLO NO SE TRATA solo de los lugares que ves, sino también de la persona en la que te conviertes a lo largo del camino:

- **Reflexiona sobre tu viaje**:Tómate un tiempo para reflexionar sobre cómo te han cambiado los viajes. Llevar un diario o compartir historias con tus seres queridos te ayudará a valorar el crecimiento que has experimentado.
- **Llévate las lecciones a casa**:La resiliencia, la flexibilidad y la independencia que desarrolles en el camino pueden beneficiarte mucho después de que termine el viaje. Aplica estas lecciones a tu vida diaria, sabiendo que has crecido a través de cada experiencia.
- **Aprecia tus logros**Viajar solo requiere coraje, desde salir de la zona de confort hasta recorrer lugares desconocidos. Celebra cada momento, cada logro y cada lección aprendida en el camino.

7.6 Continuar la aventura después de que el viaje termine

CUANDO TU VIAJE LLEGA a su fin, los recuerdos y el crecimiento personal que has adquirido continúan. Aquí te contamos cómo mantener vivo el espíritu de viajar en solitario una vez que estés en casa.

Mantenerse conectado con nuevos amigos

SI HICISTE CONEXIONES mientras viajabas, mantente en contacto:

- **Mantente en contacto:**Envía mensajes, comparte fotos o incluso planifica viajes futuros con amigos que hayas conocido en el camino. Muchos viajeros solitarios encuentran amigos para toda la vida durante sus viajes.
- **Únase a las comunidades de viajes:**Conéctese con comunidades de viajes en línea donde podrá compartir historias, encontrar inspiración y mantenerse conectado con aventureros de ideas afines.

Reflexionando sobre tu viaje en solitario

REGRESAR A CASA BRINDA la oportunidad de reflexionar sobre el impacto de viajar en solitario:

- **Documenta tus experiencias**Considere crear un álbum de fotografías, un libro de recortes o un blog de viajes para mantener vivos sus recuerdos.
- **Comparte tu historia**: Comparte tus aventuras y experiencias con tus amigos o familiares. Tu historia puede inspirar a otros a emprender sus propios viajes.

Viajar solo es un camino hacia el autodescubrimiento, la resiliencia y la independencia. Disfruta de cada momento, saborea cada lección y ten la seguridad de que las experiencias que has tenido permanecerán contigo toda la vida. Europa te espera y, con esta guía, estás bien preparado para que tu viaje sea inolvidable. Disfruta de cada paso de esta gran aventura: tu historia apenas comienza.

Capítulo 8: Cómo hacer que viajar en solitario sea una aventura para toda la vida

¡Felicitaciones! Has completado un increíble viaje en solitario por Europa y has adquirido incontables habilidades, experiencias y recuerdos nuevos. Pero esta aventura no tiene por qué ser el final. De hecho, tu primer viaje en solitario puede marcar el comienzo de una pasión por la exploración que dure toda la vida. En este capítulo final, veremos formas de mantener tu amor por los viajes en solitario, planificar futuras aventuras y hacer que viajar sea una parte continua y enriquecedora de tu vida.

8.1 Reflexionando sobre su recorrido y descubriendo nuevas metas

DESPUÉS DE CUALQUIER aventura, es beneficioso tomarse un tiempo para mirar atrás, reflexionar sobre las experiencias vividas y pensar en lo que hemos aprendido. Reflexionar no solo nos ayuda a valorar el viaje, sino que también nos permite saber qué queremos de nuestras futuras experiencias de viaje.

Reflexiona sobre el crecimiento y los logros personales

LOS DESAFÍOS QUE ENFRENTASTE y las recompensas que disfrutaste durante el viaje en solitario contribuyeron a tu crecimiento personal. Aquí te contamos cómo procesar y celebrar tu viaje:

- **Revisa tu diario o tus fotografías:**Revisa tus diarios, fotografías o recuerdos del viaje. Reflexiona sobre cada momento, desde las pequeñas alegrías hasta los grandes logros.
- **Anote las lecciones aprendidas**: Anota las lecciones, las nuevas habilidades o los descubrimientos sorprendentes que hayas adquirido. ¿Los viajes en solitario te hicieron más seguro, adaptable o resiliente?
- **Celebre su independencia**Viajar solo es un gran logro. Tómate el tiempo para reconocer y celebrar la independencia y el coraje que demostraste.

Establezca nuevas metas de viaje

AHORA QUE HAS COMPLETADO un viaje, piensa en lo que sigue:

- **Explora un nuevo destino:**Quizás haya otra región o continente que siempre hayas querido explorar. Utiliza tu primer viaje como base para aventurarte más lejos.
- **Ponte a prueba con una experiencia única:**Considere agregarle un toque diferente a sus futuros viajes, como caminar por parques nacionales, embarcarse en un retiro de bienestar o tomar un taller creativo en una ciudad extranjera.
- **Planifique un objetivo de viaje a largo plazo:**Si viajar solo se ha convertido en una pasión, comienza a planificar aventuras

más largas o considera un objetivo como visitar todas las capitales europeas o explorar cada continente.

8.2 Mantener la mentalidad viajera en casa

LAS LECCIONES, LOS hábitos y las perspectivas que se adquieren durante un viaje en solitario no tienen por qué terminar cuando se regresa a casa. Adoptar la mentalidad viajera en la vida cotidiana mantiene viva la aventura y enriquece las experiencias diarias.

Manténgase curioso y aventurero en la vida diaria

ASÍ COMO EXPLORASTE lugares desconocidos y probaste cosas nuevas en el extranjero, puedes mantener vivo este espíritu en casa:

- **Explora tu área local**:Busca lugares en tu propia ciudad o región que aún no hayas visitado, como museos, senderos o joyas ocultas. Explorar con mentalidad de viajero puede aportar una sensación de aventura a entornos familiares.
- **Pruebe nuevos pasatiempos o intereses**:Acepta la idea de aprender algo nuevo, tal como lo hiciste en el extranjero. Prueba una clase de cocina, aprende un idioma o realiza una actividad al aire libre que disfrutaste mientras viajabas.
- **Esté abierto a conocer nuevas personas**Viajar solo te ayuda a conectar con personas de diferentes orígenes. Continúa con esta actitud abierta asistiendo a eventos locales o uniéndote a grupos donde puedas conocer a otras personas que comparten tus intereses.

Continúe practicando la gratitud y la atención plena

LA GRATITUD Y LA ATENCIÓN plena pueden ayudarte a apreciar las pequeñas alegrías de la vida diaria:

- **Mantén un diario de gratitud**:Reflexiona sobre las cosas por las que estás agradecido cada día, como lo hacías cuando viajabas. Esta práctica puede ayudarte a encontrar alegría en los momentos cotidianos y a mantenerte centrado.
- **Adopte la atención plena**:Practica el estar presente y disfrutar de cada momento, tal como lo hacías al sumergirte en un nuevo entorno. La atención plena te ayuda a mantener una sensación de paz y asombro en la vida cotidiana.

8.3 Ampliar su red de viajes en solitario

VIAJAR SOLO ES UN VIAJE independiente, pero eso no significa que estés solo en tus experiencias. Muchos viajeros solitarios de todo el mundo comparten una pasión similar y conectar con ellos puede inspirarte y ampliar tu perspectiva.

Únase a las comunidades de viajes en solitario

CONECTARSE CON OTROS viajeros solitarios es una excelente manera de compartir historias, obtener consejos y encontrar inspiración:

- **Comunidades de viajes en línea:**Plataformas como Reddit, Solo Traveler World y varios grupos de Facebook ofrecen foros donde los viajeros solitarios comparten experiencias, consejos y aliento.
- **Grupos de Meetup:**Busca grupos de Meetup locales para viajeros solitarios, aventureros o personas que disfrutan de explorar. Estos grupos suelen organizar eventos, excursiones de un día o incluso aventuras internacionales.
- **Asistir a eventos de viajes o conferencias:**Muchas ciudades albergan ferias o conferencias de viajes donde puedes conocer a otros viajeros, escuchar a oradores inspiradores y aprender sobre nuevos destinos.

Manténgase conectado con los amigos que hizo en el extranjero

LA GENTE QUE CONOCES mientras viajas a menudo comparte tu espíritu aventurero:

- **Manténgase en contacto en línea:**Ya sea a través de las redes sociales, el correo electrónico o las aplicaciones de mensajería, manténgase conectado con los amigos que hizo en el camino. Intercambiar historias de viajes o planificar futuros encuentros mantiene vivo el vínculo.

- **Organiza un viaje de reunión:** Si durante tu viaje conociste a otros viajeros, considera organizar una reunión en una nueva ciudad o país. Volver a encontrarse para vivir una aventura compartida es una manera fantástica de reavivar amistades.

8.4 Cómo prepararse para su próximo viaje en solitario

TU PRIMER VIAJE EN solitario te ha proporcionado valiosas habilidades y conocimientos que te ayudarán a planificar tu próxima aventura con mayor facilidad. Aquí te ofrecemos algunos consejos para agilizar el proceso y crear una experiencia aún mejor para viajes futuros.

Mejore su rutina de embalaje y planificación

CADA VIAJE NOS ENSEÑA nuevos trucos para preparar y hacer el equipaje. A continuación, te contamos cómo hacer el equipaje y la planificación de forma más eficiente:

- **Crear una lista maestra de embalaje:** Con base en tu último viaje, crea una lista de elementos esenciales, cosas que echaste de menos y cosas de las que podrías haber prescindido. Esta lista puede servir como modelo para futuros viajes.
- **Agilice la planificación con aplicaciones de viajes:** Utilice aplicaciones como Google Trips, Rome2Rio o TripIt para organizar su itinerario y la información de viaje. Tener todo en un solo lugar hace que la planificación sea más manejable.
- **Pruebe nuevos equipos de viaje:** Si hay algún equipo o material que desearía haber tenido (como una mejor bolsa de viaje o un filtro de agua compacto), considere invertir en él para su próxima aventura.

Experimente con diferentes estilos de viaje

ES POSIBLE QUE TU PRIMER viaje te haya dado una idea de los estilos de viaje que más disfrutas, pero vale la pena explorar otras opciones:

- **Considere viajar despacio**:En lugar de mudarte de una ciudad a otra, intenta quedarte en un lugar durante un período más largo para sumergirte profundamente en la cultura local.
- **Pruebe diferentes alojamientos**:Si te alojaste en albergues, quizás debas probar con alquileres vacacionales o pensiones. Experimentar con distintos tipos de alojamiento te permitirá encontrar el que mejor se adapte a tus preferencias de viaje.
- **Aventúrese en nuevas regiones**:Si has explorado Europa, ¿por qué no probar Asia, Sudamérica o África? Cada región ofrece culturas, paisajes y experiencias únicas que pueden añadir nuevas dimensiones a tu perspectiva de viaje.

8.5 Cómo hacer que los viajes en solitario sean sostenibles y tengan un propósito

A MEDIDA QUE AMPLÍA sus viajes, considere cómo hacer que sus aventuras no solo sean placenteras sino también responsables. Viajar de manera sustentable y con un propósito mejora tanto su experiencia como el mundo que lo rodea.

Practique el turismo responsable

VIAJAR DE MANERA RESPONSABLE significa ser consciente de su impacto en el medio ambiente y las comunidades locales:

- **Apoye a las empresas locales:**Compre en los mercados locales, coma en restaurantes familiares y reserve excursiones con guías locales. Esto le ayudará a apoyar las economías locales y a experimentar la cultura auténtica.

- **Minimizar los residuos y conservar los recursos**Lleve una botella de agua reutilizable, rechace las bolsas de plástico y sea consciente del consumo de energía. Los pequeños cambios pueden marcar una diferencia significativa a la hora de reducir su impacto ambiental.
- **Respetar las costumbres y tradiciones locales**:Ser sensible a las diferencias culturales ayuda a preservar la autenticidad de los lugares que visitas. Familiarízate con las costumbres locales, vístete apropiadamente y siempre pide permiso antes de tomar fotografías de personas o espacios privados.

Considere la posibilidad de hacer voluntariado o viajar con sentido

ALGUNOS VIAJEROS SOLITARIOS encuentran un propósito en su vida haciendo voluntariado o participando en proyectos que benefician a las comunidades que visitan:

- **Oportunidades de voluntariado**:Plataformas como Workaway, WWOOF y GoAbroad conectan a los viajeros con comunidades locales y proyectos en todo el mundo, desde la enseñanza de inglés hasta la conservación del medio ambiente.
- **Participar en programas de intercambio cultural**:Programas como intercambios de idiomas, alojamiento en casas de familias o estadías en granjas brindan experiencias inmersivas en las que usted contribuye a una comunidad mientras obtiene una comprensión más profunda de la cultura.
- **Documenta tu viaje con un propósito**:Compartir sus

experiencias de viaje a través de un blog, vlog o redes sociales puede inspirar a otros y crear una plataforma para la promoción de viajes responsables.

8.6 Inspirar a otros a emprender su propio viaje

UNA DE LAS FORMAS MÁS satisfactorias de continuar tu viaje es compartirlo con otras personas. Tu experiencia de viajar en solitario te ha proporcionado conocimientos, confianza y anécdotas que pueden inspirar a tus amigos, familiares e incluso a desconocidos a salir de su zona de confort.

Comparte tu historia

INSPIRA A OTROS COMPARTIENDO tu experiencia de una manera que te resulte auténtica:

- **Blog o Redes Sociales**Documentar sus viajes en línea le permite compartir información, consejos e historias valiosas que pueden inspirar a otros a viajar solos.
- **Crear una guía de viaje**:Podrías compilar una lista de tus lugares favoritos, actividades o consejos de tu experiencia para ayudar a otros que estén planeando un viaje similar.
- **Ofrecer consejos a los aspirantes a viajeros**:Comparte consejos con amigos, familiares o comunidades en línea. Cuéntales los beneficios de viajar solo y cómo pueden superar sus propios miedos o incertidumbres.

Anima a tus amigos a probar a viajar solos

VIAJAR SOLO NO ES PARA todos, pero algunas personas pueden necesitar un poco de estímulo para intentarlo:

- **Planifique un viaje en grupo con Solo Days**:Si tus amigos dudan en viajar solos, planifica un viaje en el que cada uno pase un día o dos explorando el lugar individualmente. Esto les dará una idea de lo que es viajar solos y, al mismo tiempo, contar con el apoyo del grupo.
- **Sea un mentor**:Ofrécete a ayudar a alguien con la planificación de un viaje en solitario, desde encontrar vuelos hasta reservar alojamiento. Ofrecer orientación puede hacer que viajar en solitario resulte más accesible.

Es probable que viajar solo te haya cambiado de maneras que seguirán desarrollándose con el tiempo. A medida que te adentres en el futuro, recuerda que cada viaje es único y que no existe una forma "correcta" de viajar. Sigue tu curiosidad, respeta tu sentido de la aventura y sigue explorando, ya sea que eso signifique aventurarte a un nuevo continente o encontrar la belleza de tu propio patio trasero. Tu viaje en solitario recién comienza y el mundo está lleno de infinitas posibilidades. Así que haz las maletas, establece nuevas metas y recuerda: la aventura de tu vida te está esperando, un viaje en solitario a la vez. ¡Buen viaje!

BUFFET
IWC

Capítulo 9: Construyendo un estilo de vida en torno a los viajes en solitario

Viajar solo puede ser mucho más que una aventura de una sola vez; para muchos, se convierte en una pasión que dura toda la vida y que forma parte de su vida cotidiana. Ya sea que desee viajar a largo plazo, hacer viajes cortos en solitario entre compromisos laborales o incorporar la mentalidad del viajero a su rutina, este capítulo lo guiará para equilibrar el amor por los viajes en solitario con su carrera, sus relaciones y sus objetivos personales. Exploremos cómo hacer que viajar sea una opción de estilo de vida sostenible y gratificante.

9.1 Creando un estilo de vida que favorezca los viajes

VIVIR UNA VIDA QUE permita viajar con regularidad, especialmente en solitario, requiere un poco de planificación y una mentalidad flexible. A continuación, se ofrecen algunas formas de diseñar su vida para que dé cabida a más aventuras en solitario, independientemente de sus compromisos personales o profesionales.

Establezca metas de viaje intencionales

DEFINIR LO QUE DESEA de sus viajes futuros puede ayudarle a planificar en función de sus necesidades y estilo de vida:

- **Planifique viajes en función de hitos o descansos**: Busque oportunidades que se ajusten a su agenda, como días festivos, fines de semana largos o fechas importantes para usted (como cumpleaños o aniversarios). Planificar en función de estas fechas hace que viajar sea más sostenible y memorable.
- **Crea un plan de viaje anual**:Intenta programar uno o dos viajes en solitario cada año, teniendo en cuenta el tiempo, el

presupuesto y la flexibilidad que tienes.

- **Alternar entre viajes cortos y largos**:Si una aventura de un mes no es posible todos los años, opte por escapadas más cortas entre viajes más grandes para mantener viva la emoción.

Alinee los viajes con las oportunidades profesionales

ENCONTRAR FORMAS DE viajar a través del trabajo puede hacer que las aventuras frecuentes sean más prácticas:

- **Busque opciones de trabajo remoto**:Si su trabajo lo permite, solicite días de trabajo remoto o incluso realice la transición al trabajo completamente remoto. Esta configuración le permite viajar a nuevos lugares sin tener que ausentarse por un tiempo prolongado.
- **Busque puestos que impliquen viajes**:Ciertos campos, como la consultoría, la docencia o el trabajo para organizaciones internacionales, ofrecen oportunidades de viajar con frecuencia. Estos puestos pueden permitirle ver el mundo mientras progresa en su carrera.
- **Considere trabajar como freelance o contratar contratos a corto plazo**:Si el empleo tradicional restringe sus viajes, el trabajo independiente o los contratos a corto plazo pueden permitirle una mayor libertad. Muchos trabajadores independientes equilibran el trabajo con los viajes llevando sus proyectos a dondequiera que estén.

9.2 Elaboración de un plan financiero para viajes frecuentes

LOS VIAJES FRECUENTES pueden resultar costosos, pero con un presupuesto y una planificación financiera inteligentes, es posible hacer que los viajes en solitario sean parte de la vida habitual sin gastar una fortuna. Aquí te contamos cómo administrar tus finanzas para hacer realidad tus sueños de viajar.

Presupuesto para viajar todo el año

CREAR UN FONDO DE VIAJE específico puede ayudarle a ahorrar de forma constante:

- **Automatizar ahorros para viajes**:Abre una cuenta de ahorros independiente para viajes y automatiza los depósitos mensuales. Incluso las pequeñas cantidades se acumulan con el tiempo, lo que te da un fondo estable para futuras aventuras.
- **Prioriza los viajes en tu presupuesto**:Si viajar solo es una prioridad, reevalúe otras áreas de gasto (como salir a comer o servicios de suscripción) y redirija esos fondos hacia su presupuesto de viaje.
- **Investiga destinos de bajo costo**:Algunas regiones, como el sudeste asiático o partes de Europa del Este, son especialmente económicas para quienes viajan solos. Si se logra un equilibrio entre destinos de alto y bajo costo, los viajes frecuentes resultan más asequibles.

Gane y use recompensas de viaje

LOS PROGRAMAS DE FIDELIZACIÓN y las recompensas de viaje hacen que viajar con frecuencia sea mucho más asequible:

- **Utilice tarjetas de crédito para viajes**:Muchas tarjetas de crédito para viajes ofrecen puntos de recompensa, reembolsos en efectivo y descuentos en pasajes de avión y hoteles. Use estas tarjetas para realizar compras diarias y así acumular puntos para viajes futuros.

- **Inscríbase en programas de fidelización de aerolíneas y hoteles:** Inscríbase en programas de fidelización de aerolíneas, hoteles e incluso viajes compartidos. Los puntos se acumulan con el tiempo y, a menudo, se pueden canjear por viajes gratuitos o con descuento.
- **Busque ofertas y promociones:** Suscríbete a sitios web de ofertas de viajes y sigue a aerolíneas y hoteles en redes sociales. De esta manera, siempre estarás al tanto de promociones y descuentos que puedes aprovechar.

9.3 Cómo equilibrar los viajes con las relaciones y la familia

VIAJAR SOLO NO TIENE por qué implicar sacrificar relaciones o perderse tiempo de calidad con los seres queridos. De hecho, compartir historias e invitar a otros a que lo acompañen de vez en cuando puede mejorar su viaje.

Involucre a sus seres queridos en sus planes de viaje

COMPARTIR SUS OBJETIVOS de viaje con familiares y amigos les ayuda a comprender y apoyar su estilo de vida:

- **Comunica tus objetivos de viaje:** Hágales saber a sus seres queridos por qué viajar es importante para usted y qué beneficios le aportan las aventuras en solitario. Esto abre la puerta a conversaciones sobre cómo pueden mantenerse en contacto y apoyarse mutuamente mientras están lejos.

- **Planifique viajes en grupo o reuniones**:Invita a tus amigos o familiares a que te acompañen en una parte del viaje. Compartir algunas experiencias puede ayudarlos a sentirse conectados con tus aventuras y a ver de primera mano por qué viajar es tan importante para ti.
- **Documenta y comparte tu recorrido**:Compartir fotos, historias o blogs con familiares y amigos de manera regular los mantiene involucrados en su viaje. Mantenerse conectado ayuda a mantener los vínculos incluso cuando está lejos.

Manténgase conectado mientras viaja

MANTENER RELACIONES cercanas mientras estás de viaje es más fácil que nunca con la tecnología:

- **Programar llamadas y videochats**: Reserve tiempo para comunicarse periódicamente con sus seres queridos. Programar estas reuniones con anticipación fortalece las relaciones y ayuda a que la familia se sienta tranquila.
- **Comparte tu itinerario**:Para su seguridad y tranquilidad, comparta su itinerario o un mapa de sus viajes con familiares de confianza.
- **Utilice aplicaciones de mensajería**:Aplicaciones como WhatsApp, Signal y Messenger facilitan el envío de actualizaciones, fotos o incluso mensajes rápidos durante tus viajes.

9.4 Abrazar las "microaventuras" entre grandes viajes

CUANDO NO ES POSIBLE viajar por más tiempo, puedes mantener vivo el espíritu de exploración con pequeñas aventuras cerca de casa. Estas "microaventuras" llevan la emoción de viajar a tu vida diaria.

Explora las joyas ocultas locales

SU PROPIA ZONA PUEDE tener un potencial de viaje sin explotar:

- **Investiga las atracciones locales**:Visita un pueblo cercano, una reserva natural o un sitio histórico que nunca hayas explorado. Trátalo como lo harías con cualquier destino de viaje: conoce su historia, explora sus barrios y encuentra lugares ocultos.
- **Participe en festivales locales y eventos culturales**:Asiste a festivales de comida, ferias culturales o eventos musicales locales. Estas experiencias pueden darte una idea de otras culturas en tu propio país.
- **Realice excursiones de un día o escapadas de fin de semana**:Si vives cerca de atracciones naturales, playas o ciudades, planifica escapadas rápidas. Pasar una o dos noches fuera puede traerte la sensación de estar viajando sin necesidad de tener que descansar por mucho tiempo.

Mantén la curiosidad en tu vida diaria

APLICA LA CURIOSIDAD de viajar a tu vida cotidiana explorando nuevas actividades y rutinas:

- **Pruebe nuevos pasatiempos o actividades**:Tome una clase de cocina, pruebe una nueva rutina de ejercicios o aprenda una habilidad. Viajar solo es una cuestión de autodescubrimiento, y estas actividades pueden reproducir esa sensación de novedad en casa.

- **Conéctate con personas de diferentes culturas**:Conoce gente nueva a través de reuniones internacionales, intercambios de idiomas o eventos culturales. Estas conexiones pueden ampliar tu visión del mundo y aportar una sensación de diversidad al viajar a tu rutina diaria.

9.5 Establecer objetivos de viaje a largo plazo

SI CONSIDERAS QUE VIAJAR es una actividad que durará toda tu vida, tener algunos objetivos a largo plazo puede darle un propósito a tus aventuras. Estos objetivos aportan estructura y hacen que cada viaje se sienta como parte de un viaje más grande.

Crea una "lista de deseos" de viajes

SOÑAR EN GRANDE Y ESCRIBIR tus aspiraciones de viaje puede motivarte a seguir explorando:

- **Priorizar destinos significativos:** Enumere países, ciudades o lugares de interés específicos que siempre quiso visitar, ya sea hacer senderismo en la Patagonia, ver la aurora boreal o explorar ruinas antiguas en Grecia.
- **Agregar objetivos temáticos:** Algunos viajeros se centran en temas únicos, como visitar todos los parques nacionales, ver sitios declarados Patrimonio de la Humanidad por la UNESCO o explorar lugares conocidos por su gastronomía o arte específicos.
- **Manténgase abierto a las oportunidades espontáneas:** Mantén tu lista abierta para dejar espacio para destinos u oportunidades inesperados. A veces, las aventuras más memorables son las que no se planean.

Considere proyectos personales basados en viajes

TENER UN PROYECTO PERSONAL vinculado a tus viajes puede profundizar tu experiencia:

- **Proyecto de fotografía o videografía:** Documente sus viajes a través de una lente específica, como fotografiar arquitectura histórica o capturar la vida callejera.
- **Objetivo de aprendizaje del idioma:** Anímate a aprender los conceptos básicos de un nuevo idioma para cada país que

visites, o aprende a hablar un idioma con fluidez a lo largo de varios viajes.

- **Voluntariado o donación:**Puedes planificar viajes anuales para trabajar como voluntario en proyectos significativos, como conservación, educación o desarrollo comunitario. Combinar viajes con donaciones puede agregar un profundo sentido de propósito a tus aventuras.

9.6 Vivir como un viajero de por vida

YA SEA QUE ESTÉS EN casa o en el extranjero, una mentalidad viajera puede brindarte alegría, resiliencia y curiosidad a lo largo de tu vida. Viajar solo no se trata solo de explorar nuevos lugares; se trata de expandir tus horizontes en todos los sentidos y vivir como un eterno explorador.

Cultivar la "mentalidad del viajero"

APLICAR LAS ACTITUDES que desarrollaste durante el viaje en solitario a la vida cotidiana puede hacer que incluso los momentos ordinarios se sientan especiales:

- **Acepta el cambio y las nuevas experiencias**Viajar te enseña a adaptarte rápidamente, a mantener la curiosidad y a buscar lo desconocido. Usa estas lecciones para afrontar los desafíos y las nuevas oportunidades con una mente abierta.
- **Practique la flexibilidad y la paciencia**Viajar solo suele requerir flexibilidad y paciencia. Aplicar estas habilidades a las situaciones cotidianas te ayudará a mantener la calma y a adaptarte a las inevitables sorpresas de la vida.
- **Busque el aprendizaje continuo:**Así como viajar te ayuda a conocer nuevos lugares y culturas, la mentalidad del viajero es la de un aprendizaje permanente. Lee libros, toma clases y

mantén la curiosidad por el mundo.

Inspirar a otros a viajar

COMPARTIR TUS EXPERIENCIAS y alentar a otros a salir de sus zonas de confort puede difundir las alegrías de viajar en solitario:

- **Sea un recurso**:Ofrece consejos, comparte itinerarios y anima a tus amigos y familiares a que prueben a viajar solos. Puedes inspirar a alguien a dar el primer paso hacia un viaje inolvidable.
- **Documenta tus viajes**:Considera crear un blog, una cuenta en las redes sociales o incluso un libro para compartir tus experiencias de viajes en solitario. Tus historias pueden inspirar y empoderar a otros para que exploren el mundo.
- **Crear una comunidad**:Organiza eventos, reuniones o grupos de viaje en tu zona para conectarte con otros viajeros. Crear una comunidad de personas con ideas afines puede generar un sentido de conexión y pertenencia.

Al cerrar este capítulo, recuerda que viajar tiene que ver tanto con el viaje como con el destino. Hacer que viajar en solitario sea una parte continua de tu vida implica aceptar el crecimiento, la alegría y la curiosidad, dondequiera que estés. Espero que sigas explorando, descubriendo y compartiendo tus aventuras con el mundo. ¡Buen viaje, compañero aventurero! ¡Tu viaje apenas comienza!

Con esto concluye la guía para adoptar e incorporar los viajes en solitario como estilo de vida. Ahora tienes las herramientas y la inspiración para mantener vivo el espíritu de los viajes en solitario, sin importar a dónde te lleve la vida. ¡Disfruta del viaje!

www.ingramcontent.com/pod-product-compliance
Lightning Source LLC
LaVergne TN
LVHW050601160826
845677LV00011B/2416

* 9 7 9 8 2 3 0 6 1 9 4 9 9 *